KLEINE AUSZEITEN
AN DER

-MOSEL-

KLEINE AUSZEITEN AN DER

-MOSEL-

MICHAEL MOLL

WOCHENEND & WOHNMOBIL

CAMPING- & STELLPLÄTZE · HIGHLIGHTS · AKTIVITÄTEN

BRUCKMANN

INHALT

Die Weinberge bieten fast immer tolle Ausblicke auf das Moseltal

WOMO-PARADIES IM TAL

Zwischen Wein, Wasser und Wanderwegen

Rustikales findet sich sogar an den Wanderwegen.

Das Moseltal ist ein Eldorado für Wohnmobilisten und Genießer. Es gibt wohl kaum einen Wohnmobilfahrer, der nicht schon einmal an der Mosel war. Kein Wunder, denn Wasser geht immer, und das Wasser fließt oft nahe der Aufbautür vorbei. Ganz gemächlich, stressfrei. Überdies steht die Moselregion natürlich für den Wein und den Genuss.

So viele Straußwirtschaften, Weinlokale und Weingüter, in denen man einkehren und Verköstigungen genießen kann. Wie gut, dass man nicht mehr fahren muss, denn das Wohnmobil steht ja am Moselufer, wo es gleich am nächsten Morgen mit einem Frühstück mit Blick auf das Wasser weitergeht. Wer einmal einen schönen Platz in der ersten Reihe eines Camping- oder Wohnmobilstellplatzes ergattert hat, will diesen natürlich so schnell nicht wieder aufgeben. Doch es gibt entlang der Mosel jede Menge Sehenswürdigkeiten und Ortschaften, die man sich nicht entgehen lassen sollte. Außerdem steht das Moseltal auch für wunderbare Ausblicke. Wenn sich das Band der Mosel mal wieder um eine Art Landzunge schlängelt und das Tal sich in seiner schönsten Form präsentiert – das muss man einfach gesehen haben. Aussichtspunkte hierfür gibt es jede Menge. Manche von ihnen sind mit dem Pkw, Motorrad oder auch Wohnmobil leicht zu erreichen. Für viele, und meistens sind das die spektakulärsten Panoramen, sollte man jedoch in die Wanderschuhe schlüpfen und zwischen den Weinbergen den Höhenunterschied erklimmen.

STELLPLATZ- UND CAMPINGVIELFALT

Kaum ein Ort im Moseltal, der ohne Camping- oder Wohnmobilstellplatz auskommt. Manche der Weinorte bieten sogar mittlerweile zwei oder drei Übernachtungsmöglichkeiten für Wohnmobilfahrer an. Die Dichte an Stellplätzen ist enorm und vom einen Stellplatz kann man den anderen bereits sehen oder im Rahmen eines abendlichen Spaziergangs besuchen. Man will ja wissen, was man woanders verpasst haben könnte oder was einen am nächsten Tag erwartet. Allerdings gilt das in der Tat nur für das eigentliche Tal. Sobald man die Mosel in Richtung Hunsrück oder Eifel verlässt, ist das Übernachtungsangebot plötzlich sehr dünn gesät. Daher spielt sich das hauptsächliche Wohnmobilleben direkt am Fluss ab. Dabei gibt es drei Arten von Plätzen. Da wären die klassischen Campingplätze, von denen einige sogar eine ganze Insel inmitten der Mosel für sich beanspruchen können, und da wären die beliebten Wohnmobilstellplätze, die rund um die Uhr angesteuert werden können. Während die Campingplätze stets komplett mit allem ausgestattet sind, was man auf einem Campingplatz erwartet, muss man auf den Stellplätzen typischerweise auch Abstriche machen. Für den oft günstigeren Übernachtungspreis gibt es dann eben nicht immer ein Sanitärgebäude und auch die Stromsäulen reichen bei Vollbelegung nicht zwangsläufig aus. Wobei Vollbelegung bei manchen Stellplätzen bedeuten kann, dass dort Reisemobile in dreistelliger Anzahl stehen. Da kann man sich ausmalen, wie viel Platz man rund um sein Wohnmobil für sich beanspruchen kann, wenn man die Spitzenzeiten meidet. Die dritte Variante der Übernachtungsmöglichkeiten sind Weingüter. Diese liegen nicht immer direkt am Wasser, sondern manchmal mitten in einem der kleinen Orte oder sind gar komplett von Weinreben umgeben. Da die Plätze durchweg privat vom Weingut betrieben werden und man sich natürlich auch den Verkauf von Wein erhofft, bietet man hier

Die meisten Straßen im Moseltal sind mit Wohnmobilen sehr gut befahrbar.

Das Moseltal entzückt mit kleinen, malerischen Ortschaften.

in der Regel ebenfalls eine gute Infrastruktur mit Sanitär, Strom, WLAN und dergleichen. Lediglich bei der Größe muss man sich auf Weingütern schon mal auf engere Parzellen einstellen.

STRASSEN IM MOSELTAL

An der Mosel muss man sich darauf einstellen, dass man gelegentlich hin- und herfährt. Zwar gibt es weitestgehend auf beiden Uferseiten eine Straße, doch nicht jeder Ort hat eine Brücke. Daher ist es nach deren Überquerung logischerweise immer mal wieder notwendig, in die Richtung zurückzufahren, aus der man gekommen ist – nur eben am gegenüberliegenden Ufer. Doch keine Sorge, Brücken gibt es dennoch jede Menge und es handelt sich meist nur um kurze Umwege. Umfangreicher kann es nur mal werden, wenn eine der Straßen wegen einer Baustelle oder einer Veranstaltung gesperrt ist. Das kommt vor, und man sollte daher lieber einen Zeitpuffer einplanen. Gleichzeitig sollte man die Entfernung nicht unterschätzen. Die beiden großen Städte Trier und Koblenz liegen gerade einmal knappe 100 Kilometer Luftlinie auseinander. Auf der direktesten Verbindung legt man zwischen den beiden Städten rund 140 Kilometer zurück und benötigt ungefähr eineinhalb Stunden. Das gilt aber nur, wenn man das Moseltal verlässt und die Eifel über die Autobahnen 1 und 49 befährt. Bleibt man rigoros am Flussufer, dann kommt man auf ungefähr 200 Kilometer Strecke, für die man aber satte vier Stunden Fahrzeit einplanen sollte. Zwischen Alf und Koblenz, also am Unterlauf der Mosel, ist man überwiegend auf der Bundesstraße 49 unterwegs, während zwischen Zell und Trier die Bundesstraße 53 die Mosel begleitet. Im Grenzgebiet zu Luxemburg ist es auf deutscher Seite die Bundesstraße 419 und in Luxemburg die Straße 10, die mit einer deutschen Bundesstraße vergleichbar ist.

ORTSCHAFTEN AN DER MOSEL

Die beiden größten Städte sind Trier und Koblenz, die alleine für sich schon sehenswert sind und jeweils mindestens ein Wochenende mit Sightseeing ausfüllen können. Daneben gibt es mehrere kleine Moselstädtchen, die zwar an die Größen von Trier oder Koblenz nicht heranreichen können, aber dennoch überregional bekannt sind. Dazu zählen Traben-Trarbach, Bernkastel-Kues, Zell und Cochem. Diese Städte bieten ebenfalls jede Menge Sehenswürdigkeiten, Einkehrmöglichkeiten, Burgbesichtigungen, Aussichten und Anlegestellen für Schiffe, mit denen Rundfahrten auf der Mosel möglich sind. Auch in diesen Ortschaften muss man das Wort Langeweile im Lexikon nachschlagen. Die überwiegende Mehrheit der Weinorte sind jedoch kleine Dörfer, die mal mehr und mal weniger spannend sind. Fast alle diese Dörfer haben Einkehrmöglichkeiten wie Straußwirtschaften oder Weingüter und man kommt hier wirklich gut zur Ruhe. Unterscheiden muss man bei den kleinen Weindörfern wirklich zwischen denen, die sich auf Besucher eingestellt haben und denen, durch die man hindurchfährt und sich fragt, was man hier eigentlich wohl machen könne. Keine Bange, Weindörfer mit völlig fehlender Infrastruktur und keinerlei Freizeitangebot gibt es zwar, doch sie sind deutlich in der Minderheit. Es ist eben nur erstaunlich, weil diese Dörfer die gleichen landschaftlichen Voraussetzungen besitzen wie die Weinorte, in denen es immer etwas zu tun gibt.

Keine Frage: Das Thema Wein ist fest mit der Mosel verbunden.

WAS KANN MAN DENN MACHEN?

Wie schon weiter oben angedeutet, sollte man auf jeden Fall seine Wanderschuhe im Gepäck haben. Sinnvoll ist auch die Mitnahme des Fahrrads, und wer wassersportbegeistert ist, kann sich auch das Kanu auf das Wohnmobildach schnallen. Fahrräder und Kanu kann man oftmals aber auch leihen. Wer meint, Wandern im Moseltal sei simpel und langweilig, der sieht sich getäuscht. Zugegeben, oftmals kommt man nicht umhin, über asphaltierte Winzerwege hinauf in die Weinberge zu wandern. Doch einmal oben angekommen, ist man auf Moselsteig und Moselhöhenweg gut aufgehoben. Eine Besonderheit sind die »Klettersteig« genannten Wanderwege der Region. Dabei handelt es sich nicht um klassische Klettersteige, wie man sie aus dem hochalpinen Bereich kennt. Dennoch ist hier Vorsicht geboten und Schwindelfreiheit und Trittsicherheit ein absolutes Muss. Es gibt einfache Klettersteige wie der Thörnicher Ritsch oder der Rioler Klettersteig, bei denen man steil hinauf wandert und zwischendurch mit einem Seil als Handlauf unterstützt wird. Dann gibt es aber auch wiederum Klettersteige wie das Erdener Treppchen, den Klettersteig zum Collisturm bei Zell und den Calmont-Klettersteig, die mit fest installierten Metallleitern, Treppen und Steignägeln aufwarten. Stellenweise gibt es auf diesen Wanderwegen noch nicht einmal einen Pfad, sondern nur die Möglichkeit, über Stifte, die in der Wand angebracht sind, in Schwindelerregender Höhe Abgründe zu überwinden. Diese Wege sollte man auf keinen Fall unterschätzen. Insbesondere der Calmont-Klettersteig, der sich am steilsten Weinberg Europas befindet und in den Mittagsstunden des Hochsommers eine hohe körperliche Belastung mit sich bringt, ist nur erfahrenen Wanderern zu empfehlen.

Mit dem Fahrrad hat man wunderbare Möglichkeiten, die Ortschaften im Tal über den Moselradweg kennenzulernen. Dieser ist auf deutscher Seite fast 240 Kilometer lang und sehr einfach zu radeln. Immerhin gibt es keinerlei Steigungen, aber gerade das führt wiederum dazu, dass man die Mosel eben nur aus dem Tal heraus erlebt. Es gibt keine Ausblicke und gelegentlich verläuft der Moselradweg aus Platzgründen auch direkt neben der Bundesstraße. Dennoch ist er natürlich eine ideale Verbindung, um vom Campingplatz des einen Ortes in die benachbarten Ortschafte zu gelangen.

Ansonsten befinden sich im Moseltal mehrere Burgruinen, wie zum Beispiel die Burg Landshut oder Thurant, die sich ebenfalls im Rahmen einer Wandertour besichtigen lassen und außerdem noch einen wunderbaren Ausblick auf die Landschaft ermöglichen.

EIN PAAR BASICS ZUR MOSEL

Die Moselle, wie der Fluss auf Französisch heißt, entspringt in den südlichen Vogesen und macht sich von dort auf den Weg nach Norden. Nach einem verhältnismäßig geraden Verlauf durch die flache Landschaft der Region Lothringen erreicht sie Luxemburg und wird dort zur Musel. Gleichzeitig ist sie aber auch die deutsche Mosel, da sie zum Grenzfluss wird und als Kondominium von beiden Staaten bis zum gegenüberliegenden Ufer beansprucht werden kann und beiderseitiges Staatsgebiet ist. Zunächst verläuft sie noch einige Kilometer als sogenannte Obermosel, was als geografische Bezeichnung jedoch nicht richtig ist. Immerhin hat sie hier bereits mehr als die Hälfte ihres Verlaufs hinter sich. Mit dem Erreichen von Trier wird sie in gewisser Weise wieder zum Grenzfluss, denn sie trennt die beiden Mittelgebirge Hunsrück im Süden und Eifel im Norden voneinander. Gleichzeitig beginnt hier auch das Tal der Mittelmosel und

◀ Bloß nicht zu schnell an den Sehenswürdigkeiten vorbeifahren ▲ An den Reben in den Weinbergen finden sich dunkle ▼ und helle Weintrauben.

von nun an windet sich der Fluss durch enge Schleifen. Er ist berühmt für seine steilen Hänge, an denen zahlreiche Rebstöcke dafür sorgen, dass eine Reise an die Mosel bei einem Glas Wein genossen werden kann. Die größten Zuflüsse hat die Mosel allerdings noch vor Trier. Sowohl die Saar als auch die Sauer münden in kurzem Abstand hintereinander in die Mosel, die von da an nur noch von kleinen Bächen gespeist wird. Neben dem Wein und dem Tourismus ist die Mosel natürlich auch für die Schifffahrt von großer Bedeutung. Fährt ein Schiff die gesamte Mosel ab, so muss es 28 Staustufen überwinden, davon zehn in Deutschland. Diese dienen neben der Regulierung des Wasserstands auch der Stromproduktion. Darüber hinaus kann die Mosel auf zahlreichen Brücken überquert werden und besitzt mit der Römerbrücke in Trier die älteste Brücke Deutschlands.

WO DIE FREIHEIT EUROPAS BEGINNT

Entdeckungstour im Grenzgebiet Luxemburgs

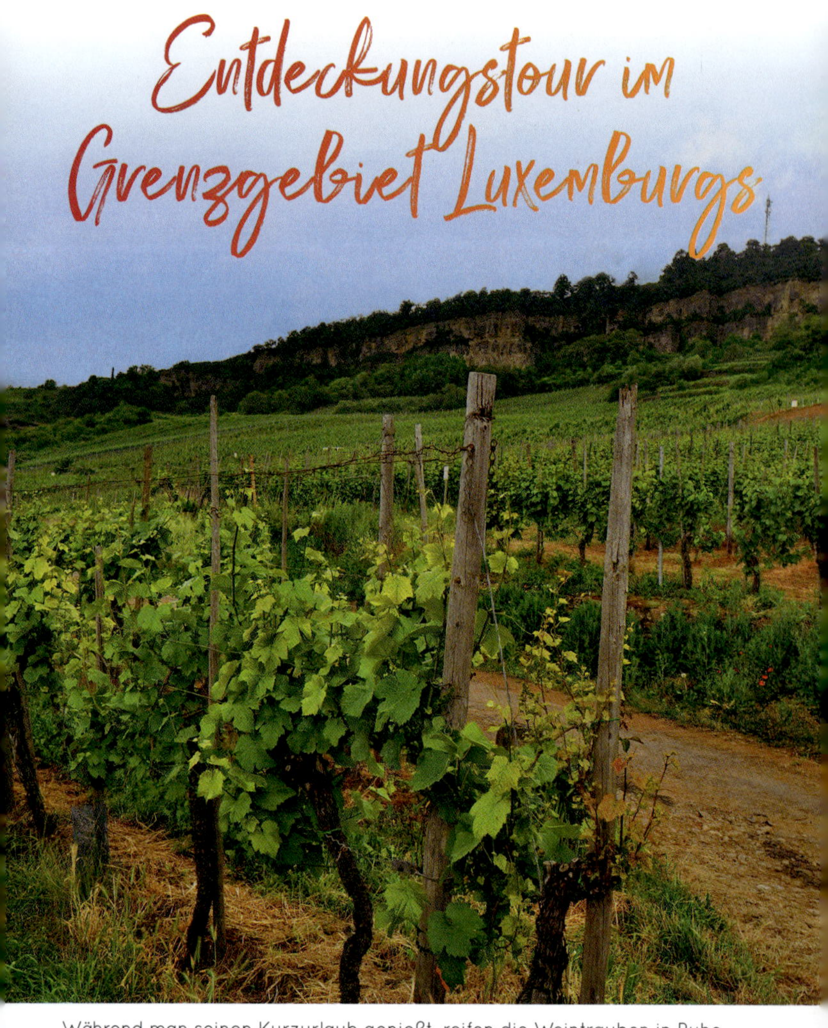

Während man seinen Kurzurlaub genießt, reifen die Weintrauben in Ruhe.

1

Die Obermosel teilt sich Deutschland mit dem Nachbarland Luxemburg. Wohnmobiltouristen wird's freuen, denn so lässt sich der Dieseltank gleich viel günstiger füllen. Außerdem erfährt man in Schengen viel Interessantes über das grenzenlose Reisen in Europa.

Das Dreiländereck von Deutschland, Luxemburg und Frankreich markiert den Beginn einer Flussreise auf deutscher Seite. Hier erreicht die französische Moselle zum ersten Mal deutschen Boden und schreibt sich fortan Mosel. Das gilt zunächst allerdings nur für das rechte Ufer, denn auf den ersten rund 35 Kilometern teilt sich Deutschland das Flussbett mit dem Nachbarland Luxemburg. Bis zur Mündung des Flusses Sauer, ebenfalls ein Grenzfluss zwischen den beiden Staaten, hat man die Wahl, auf deutscher oder luxemburgischer Seite die Mosel kennenzulernen.

GRENZENLOSE FREIHEIT

Wie innerhalb Deutschlands ist die Mosel natürlich auch im Grenzgebiet ein bedeutender Fluss beim Weinanbau. Durch mehrere kleine Weinorte kann man auch auf luxemburgischer Seite von Weinort zu Weinort reisen. Das Moselerlebnis beginnt bei Perl auf deutscher Seite. Der kleine Ort grenzt direkt an das Dreiländereck, das sich in einer sehr kleinen Ortschaft befindet, die man wiederum in ganz Europa kennt. Ihr Name ist Schengen, und nur durch das Schengener Abkommen ist das grenzfreie Reisen in Europa ermöglicht worden. Auf einem Schiff auf der Mosel wurde im Juni 1985 das Schengener Abkommen von den Ländern Deutschland, Frankreich, Belgien, Luxemburg und der Niederlande unterzeichnet. In Kraft getreten ist es schließlich im Jahr 1995, weitere Länder traten im Laufe der Jahre bei. Am Moselufer des kleinen Ortes, und damit nur wenig vom Dreiländereck entfernt, befindet sich ein Teil der ehemaligen Berliner Mauer und ein Denkmal, das an das vereinigte Europa erinnert. Gleich daneben informiert das Europäische Museum über die Geschichte Europas und über die europäische Einheit. Auf interaktive Weise wird hier von der Zeit der Schlagbäume berichtet, in der man für eine einfache Fahrt in das Nachbarland noch einen Stau an der Grenze inklusive Passkontrolle über sich ergehen lassen musste. Der Eintritt ist frei, doch es besteht auch die Möglichkeit, eine geführte Tour zu buchen. Diese verläuft überwiegend durch den Außenbereich, gleich am Moselufer, wo zum Beispiel die Nationensäulen als Kunstobjekte mehrere Reliefs beherbergen. Diese zeigen jeweils ein Symbol pro Land der Europäischen Union.

IN DEN WEINBERGEN VON SCHENGEN bietet das Weingut Cabes Henri Ruppert die Möglichkeit, einzukehren und Wein zu probieren. Von der Terrasse des beinahe schon futuristischen Gebäudes mit seinem halbrunden und begrünten Dach blickt man mit einem Glas Wein in der Hand völlig entspannt auf die sanften Hügel bei Perl. Caves Henri Ruppert, 1, um Markusberg, 5445 Schengen, Luxemburg, Tel. +352/26 66 55 66, www.domaine-ruppert.lu

Bei einer Wohnmobilreise entlang der Mosel oder einer Radtour auf dem Moselradweg folgen bis Wasserbillig zahlreiche weitere kleine Orte auf beiden Seiten des Flusses, so zum Beispiel **Nittel**. Der staatlich anerkannte Erholungsort Nittel liegt malerisch am rechten Ufer der Obermosel und blickt auf das gegenüberliegende luxemburgische Ufer. Schon die Römer besiedelten das Gebiet der heutigen Gemeinde, doch erst zur ersten Jahrtausendwende wurde die Ortschaft Nitele schriftlich festgehalten. Vermutlich wurde auch hier schon früh Wein angebaut, denn die hier vorkommenden Kalkböden und das Klima, das an den Mittelmeerraum erinnert, eignen sich besonders gut für den Weiß- und Grauburgunder und natürlich auch für den Elbling, der in Nittel drei Viertel der Rebfläche einnimmt.

FALTER IM TROPENHAUS

Nur ein kurzes Stück flussabwärts und auf der luxemburgischen Seite erstreckt sich die Ortschaft **Grevenmacher**. Auf sie wird man in der Region immer wieder durch Reklametafeln aufmerksam gemacht, die für den dortigen Schmetterlingsgarten werben. Idealerweise befindet er sich gleich neben einem Campingplatz, aber auch ohne diese praktische Nähe zu einem Übernachtungsplatz sollte man den vielfältigen, kleinen Faltern einen Besuch abstatten. Garten ist natürlich nicht der richtige Begriff, denn sonst wären die farbenfrohen Schmetterlinge entweder

Malerisch liegen die Ortschaften der Mosel in der Regel direkt am Ufer.

weg oder würden gar nicht erst überleben können. Denn sie brauchen eine konstante Temperatur und eine hohe Luftfeuchtigkeit, die dieses Tropenhaus bieten kann. Auf einer Fläche von 600 Quadratmetern sind es mehrere Hundert Falter, die durch das Tropenhaus flattern und sich manchmal sehr zur Freude der Besucher auf deren Schultern und Händen niederlassen. Schildkröten, Chamäleons und Chinesische Zwergwachteln sind zwar keine Schmetterlinge, aber wenn man schon mal ein Tropenhaus hat, dann kann man auch diesen Tierarten ein Zuhause bieten. Also nicht wundern, wenn auch auf dem Boden etwas entlanghuscht oder krabbelt. Dort, wo sich Luxemburg von der Mosel trennt und der Fluss nun komplett durch deutsche Lande fließt, befindet sich die kleine Ortschaft Wasserbillig, auf Lëtzebuergisch »Waasserbëlleg«. Wasserbillig ist über die Grenzen von Rheinland-Pfalz hinaus für den sogenannten Tanktourismus bekannt. Mehr als ein Dutzend Tankstellen reihen sich entlang der Hauptstraße aneinander und locken mit – steuerlich bedingt – günstigeren Kraftstoffkosten nach Luxemburg. Der Ort erstreckt sich entlang der Mündung der Sauer in die Mosel.

Von der Mündung der Sauer in die Mosel sind es gerade einmal fünf Kilometer, bis auf der rechten Flussseite die nächste Mündung erscheint. Bei Konz endet die 235 Kilometer lange Saar, die damit den größten Zufluss der Mosel bildet. Auf dem Weg dorthin befindet sich auf einer Anhöhe das Dorf Liersberg, das mit seinen weniger als 300 Einwohnern seit 1974 zur direkt an der Mosel liegenden Ortschaft Igel gehört. Igel ist bekannt für die gleichnamige Igeler Säule. Dieses 23 Meter hohe Pfeilerdenkmal

Grenzenloses Reisen ermöglicht grenzenlose Aussichten auf das Moseltal.

und der Drususstein in Mainz sind die einzigen oberirdisch erhaltenen Grabmäler der Römer nördlich der Alpen. Die Säule gehört zum Welterbe Römische Baudenkmäler, Dom und Liebfrauenkirche in Trier, zu dem auch die Römerbrücke, die Porta Nigra, das Amphitheater, die Thermen in Trier und die Konstantinbasilika gehören. Zwischen Igel und Liersberg befindet sich zudem in den Weinbergen das sogenannte Grutenhäuschen. Auch dieses erinnert an die römische Zeit und ist eine Rekonstruktion eines römischen Grabtempels, errichtet auf den Überresten der ursprünglichen Grabkammer.

Die Geschichte von **Konz** beginnt mit einer spätrömischen Kaiservilla namens Contionacum. Diese entstand in der ersten Hälfte des 4. Jahrhunderts n. Chr. und war vermutlich prachtvoll ausgestattet. Nicht umsonst wurde sie vom römischen Reiseschriftsteller Ausonius in seinem Gedicht Mosella bereits erwähnt. Überreste der Villa sind noch heute zu sehen. Berühmt ist Konz auch für das **Kloster Karthaus**, das um die Wende zum 18. Jahrhundert entstand, aber schon ein Jahrhundert später während der Säkularisation aufgehoben wurde. Später wurde es von Schwestern des Franziskanerordens aufgekauft und renoviert. Heute ist es eine wichtige Station auf dem Jakobspilgerweg, der hier als Mosel Camino verläuft. Außerdem ist Konz der größte Weinbauort entlang der Mosel außerhalb des Mittelmoseltals. Über 250 Hektar Fläche sind mit Reben bestockt und lassen die Rieslingtrauben in Steillagen gedeihen. Prägend für die Stadt sind nicht zuletzt auch die Brücken nahe der Saarmündung. Konz hatte von jeher eine verkehrsgünstige Lage und entwickelte sich mit dem aufkommenden Eisenbahnverkehr schnell zu einem wichtigen Knotenpunkt.

AUF EINEN BLICK

Info

STADT/REGION: Perl, Schengen, Grevenmacher (Region Dreiländereck)
BESTE REISEZEIT: Ganzjährig
OPTIMALE REISEDAUER: 2–3 Tage
TOURISTINFO: Touristinformation Perl, Trierer Straße 32, 66706 Perl, Tel. 06867/6 61 01 sowie Deutsch-Luxemburgische Tourist-Information, Moselstraße 1, 54308 Langsur, Tel. 06501/60 26 66, www.lux-trier.info

SEHENSWÜRDIGKEITEN

EUROPÄISCHES MUSEUM SCHENGEN: Rue Robert Goebbels, 5444 Schengen, Luxemburg, Tel. +352/26 66 58 10, www.visitschengen.lu
NAVITOURS: Quai de la Moselle/Moselanleger, Bateaux touristiques/Fahrgastschiffe, 5553 Remich, Luxemburg, www.navitours.lu Schiffsrundfahrten ab Remich mit Schleusenfahrten oder Schlemmertouren bis Frankreich und nach Wasserbillig
SCHMETTERLINGSGARTEN GREVENMACHER: 56 Route de Trèves, 6793 Grevenmacher, Luxemburg, Tel. +352/75 85 39, www.papillons.lu
AQUARIUM WASSERBILLIG: Rue des Pépinières, 6645 Mertert, Luxemburg, Tel. +352/26 74 02 37, www.aquarium.wasserbillig.lu
VOLKSKUNDE- UND FREILICHTMUSEUM ROSCHEIDER HOF: Roscheiderhof 1, 54329 Konz, Tel. 06501/9 27 10, www.roscheiderhof.de

◀ Ein Vergnügen ist der Besuch im Schmetterlingsgarten. ▶ Roscheider Hof

AUF EINEN BLICK

CAMPINGPLATZ KONZ SAARMÜNDUNG

ADRESSE: Am Moselufer 1, 54329 Konz, Tel. 06501/25 77, www.campingplatz-konz.de

ANFAHRT: Von Trier auf der Bundesstraße 51 bis Konz und am Kreisverkehr vor der Eisenbahnunterführung die zweite Ausfahrt nehmen. Anschließend sofort rechts und auf der Brücke über die Bundesstraße bis zum Ufer

GPS: N 49°42‘15“9, E 6°34‘25“4

Sehr kleiner Campingplatz, der wegen der Eisenbahnbrücke und der Bundesstraße eine deutliche Geräuschkulisse bietet. Ansonsten jedoch eine schöne Lage mit Blick auf die Mosel. In wenigen Schritten befindet man sich an der Mündung der Saar in die Mosel.

CAMPINGPLATZ IGEL

ADRESSE: Moselstraße, 54298 Igel, Tel. 06501/1 29 44, www.camping-igel.de

ANFAHRT: Von Trier auf der Bundesstraße 49 nach Igel und dort die Eisenbahnunterquerung zur Mosel benutzen

GPS: N 49°42‘17“9, E 6°33‘12“0

Überschaubarer, aber freundlicher Campingplatz an der Mosel und gleich neben einem Sportplatz und einer nahegelegenen Tennisanlage. Auf dem Radweg am Ufer ist man in einer guten halben Stunde mit dem Fahrrad an der Römerbrücke in Trier.

CAMPINGPLATZ SCHÜTZWIESE

ADRESSE: 41 Rue des Romains, 6646 Mertert, Luxemburg, Tel. +352/74 05 43, www.camping-wasserbillig.lu

ANFAHRT: Auf der Bundesstraße 49 bis Wasserbilligerbrück und über die Brücke nach Luxemburg. Kurz darauf in die Straße 10 rechts abbiegen und gleich die erste Gelegenheit nach rechts erneut nutzen

GPS: N 49°42‘55“3, E 6°30‘20“7

Kleiner, netter Campingplatz am Ufer der Sauer kurz vor der Mündung in die Mosel. Ruhige und dennoch zentrale Lage, um das luxemburgische Wasserbillig zu erkunden.

CAMPINGPLATZ LUXI'S CAMPING

ADRESSE: 59 E Route de Wasserbillig, 6686 Mertert, Luxemburg

ANFAHRT: Auf der Straße 1 in Wasserbillig durch das Gewerbegebiet bis zur Tankstelle Lux-Oil

GPS: N 49°42'34"4, E 6°29'18"1

Ein eher ungewöhnlicher Camping- beziehungsweise Wohnmobilstellplatz. Er gehört zur Tankstelle und bietet geschotterte Stellflächen, die mit einem Holzstamm voneinander abgetrennt sind. Sanitär, Strom und Ver- und Entsorgung sind vorhanden. Als klassischen Urlaubsort kann man den Platz zwar nicht bezeichnen, aber hilfreich für die Zwischenübernachtung und zum Kennenlernen von Wasserbillig ist er allemal.

CAMPINGPLATZ MERTERT

ADRESSE: 6684 Mertert, Luxemburg

ANFAHRT: Auf der Straße 1 bis zum Kreisverkehr, dort auf die Straße 134 und nach Überquerung des Bahngleises rechts

GPS: N 49°42'08"7, E 6°28'37"6

Kleiner, einfacher Stellplatz an einer Grünanlage mit Fußballfeld und Spielplatz, sowie am Bach Syr, der wenig später in die Mosel mündet. Von hier aus gelangt man relativ einfach zu Fuß oder mit dem Rad zum Schmetterlingsgarten in Grevenmacher.

CAMPING DE LA ROUTE DU VIN

ADRESSE: Route du Vin, 6794 Grevenmacher, Luxemburg, Tel. +352/75 02 34, www.grevenmacher-tourist.lu

ANFAHRT: Auf der Straße 1 bis Grevenmacher und dort am Kreisverkehr direkt in die Einfahrt zum Campingplatz.

GPS: N 49°40'58"9, E 6°26'55"8

Ideale Lage an der Mosel mit Blick auf das deutsche Moselufer. Gleich neben dem Campingplatz befindet sich ein Freibad und der Schmetterlingsgarten. Gepflegte Anlage mit großzügigen Parzellen auf Rasen

AUF EINEN BLICK

WOHNMOBILSTELLPLATZ AM WEINGUT EDWIN PAULY

ADRESSE: Obermoselstraße 5, 54439 Palzem, Tel. 06583/4 46, www.paulywein.de

ANFAHRT: Auf der Bundesstraße 419 nach Palzem. Das Weingut befindet sich direkt an der Straße in einer langgestreckten Kurve.

GPS: N 49°33‘51“4, E 6°22‘29“6

Ein kleines Weingut, bei dem man natürlich seinen Wohnmobilvorrat auffüllen kann. Auf drei Plätzen steht man direkt nebeneinander und hat etwas erhöht einen Blick auf das Moseltal.

CAMPING MOSELLA AM ROTHAUS

ADRESSE: Zur Moselbrücke 2A, 66706 Perl, Tel. 06866/5 10, www.camping-mosella.de

ANFAHRT: Auf der Bundesstraße 419 bis zum Kreisverkehr bei Nennig. Dort auf die Bundesstraße 406 in Richtung Remich/Luxemburg wechseln und vor der Brücke rechts zum Campingplatz hinab

GPS: N 49°32‘32“4, E 6°22‘23“7

Klassischer, großer Campingplatz mit kompletter Ausstattung und einem Restaurant, direkt am Ufer der Mosel und an der Brücke, über die man in wenigen Minuten zu Fuß nach Luxemburg spazieren kann.

MOSELCAMPING DREILÄNDERECK

ADRESSE: Zur Moselbrücke 15, 66706 Perl, Tel. 06866/3 22, www.mosel-camping.de

ANFAHRT: Auf der Bundesstraße 419 bis zum Kreisverkehr bei Nennig. Dort auf die Bundesstraße 406 in Richtung Remich/Luxemburg wechseln und vor der Brücke links zum Campingplatz hinab

GPS: N 49°32‘32“0, E 6°22‘16“6

Der Platz befindet sich am selben Ufer wie der Camping Mosella, nur auf der anderen Seite der Brücke. Zwischen beiden Plätzen befindet sich ein Imbiss auf deutscher Seite. Wer nicht selber mit einem Ausflugsschiff fahren möchte, kann das Treiben am anderen Moselufer in Ruhe beobachten.

WOHNMOBILSTELLPLATZ REMICH

ADRESSE: Route du Vin, 5537 Remich, Luxemburg,
Tel. +352/6 21 15 46 91

ANFAHRT: Auf der Bundesstraße 419 bis Nennig, dort auf der Bundesstraße 406 die Mosel überqueren und auf luxemburgischer Seite an der ersten Möglichkeit nach links zum Moselufer fahren. Dort sofort rechts und der Esplanade bis zum Ortsausgang folgen.

GPS: N 49°32'19"6, E 6°21'45"7

Schöner, geräumiger Stellplatz mit Flächen auf Rasengittersteinen. Parzellen sind mit Hecken abgetrennt. Der Platz befindet sich neben einem Sportplatz und ist beschrankt. In unmittelbarer Nachbarschaft befindet sich ein Freibad. Ver- und Entsorgungsstation vorhanden

WOHNMOBILSTELLPLATZ SCHWEBSANGE

ADRESSE: 1 Am Hafen, 5447 Schwebsange, Luxemburg,
Tel. +352/23 66 44 60, www.camping-port.lu

ANFAHRT: An der Straße 10 befindet sich der Stellplatz bzw. der Hafen ungefähr auf halber Strecke zwischen Remich und Schengen.

GPS: 49°30'41.7"N 6°21'44.4"E

Keine besondere Ausstattung, aber ruhige Lage an einem Sportboothafen mit Einkehrmöglichkeit. Lediglich die Aussicht über die Mosel hinweg auf ein Industriegebiet auf deutscher Seite ist weniger ansehnlich

WOHNMOBILSTELLPLATZ PERL

ADRESSE: Auf dem Sabel, 66706 Perl

ANFAHRT: Auf der Bundesstraße 407 nach Perl. Dort in die Straßen Im Niederborn und Auf dem Sabel in Richtung Hallenbad abbiegen. Hinter dem Hallenbad nach rechts, über den Parkplatz bis zum Ende

GPS: N 49°28'44"1, E 6°23'05"8

Einfacher kommunaler Stellplatz auf sandigem Untergrund. Bezahlt wird per SMS. Strom vorhanden. Das Hallenbad ist gleich nebenan. Zu Fuß ist man in weniger als einer halben Stunde am Grenzmuseum im luxemburgischen Schengen.

ÄLTESTE STADT DEUTSCHLANDS

Auf römischen Spuren

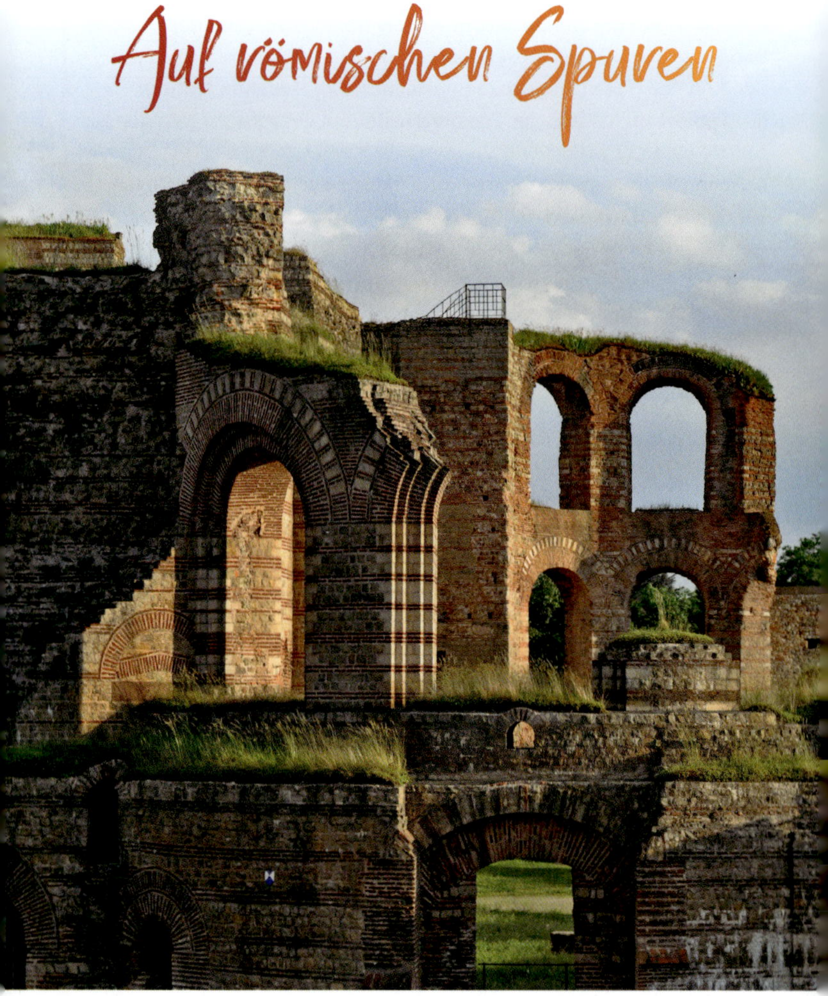

Die Römer hinterließen beeindruckende Bauten, sie können besichtigt werden.

2

Trier ist nicht einfach nur eine Stadt, die zu einem Besuch und Rundgang einlädt. Vielmehr wandelt man hier zwischen den Überbleibseln der Römer, die hier die Stadt Augusta Treverorum anlegten und Trier zu einem heute lohnenswerten Wochenendziel machten.

Das Wahrzeichen der Stadt, die Porta Nigra, ist nur eine von vielen Sehenswürdigkeiten Triers. Die alte Römerstadt hat jede Menge Attraktionen zu bieten, von denen sich die meisten kompakt in der Innenstadt befinden, die wiederum leicht von den Camping- und Wohnmobilstellplätzen aus zu erreichen ist. Spaziert man vom Reisemobilpark an der Mosel am Fluss entlang, gelangt man ganz automatisch zur Römerbrücke. Sie gilt als die älteste Brücke Deutschlands und wurde von den Römern im 2. Jahrhundert n. Chr. erbaut. Dabei ist sie schon die dritte Brücke an dieser Stelle. Zuvor wurde eine hölzerne Brücke errichtet, deren Pfahl heute im Rheinischen Landesmuseum zu sehen ist. Später folgte eine kleinere erste Steinbrücke, von der man sagt, man könne ihre Pfeiler bei Niedrigwasser erkennen. Das Prinzip der Römerbrücke war einfach: Massive Steinquader wurden entgegen dem Strom zugespitzt, damit Hochwasser und Eis keinen Schaden anrichten konnten, und auf diesen Quadern wurde in 14 Metern Höhe eine hölzerne Konstruktion errichtet, auf der die Straße verlief. Diese Höhe reichte aus, damit die damaligen Schiffe noch unter der Straße hindurch

Die Römerbrücke ist die älteste Brücke im Land und trägt auch Wohnmobile.

kamen. Zur Brücke gehörte ebenfalls ein Stadttor, ähnlich der Porta Nigra, und bis heute ist nicht zweifelsfrei geklärt, auf welcher Moselseite sich dieses befunden hat. Selbstverständlich ist die Brücke seit ihrem Bestehen verbreitert worden, doch ist es sehr beachtlich, dass eine zweitausend Jahre alte Brücke dem heutigen Straßenverkehr gewachsen ist.

Auf der Römerbrücke schauen wir, wie sich das Wasser der Mosel unter unseren Füßen seinen Weg in Richtung Koblenz sucht und wenden uns am rechten Moselufer wieder nach rechts. Keine 100 Meter hinter der Brücke biegen wir links in die Südallee ein und erreichen schon nach wenigen Augenblicken die Barbarathermen.

DEN RÖMERN AUF DER SPUR

Man kann Trier auch als das Rom des Nordens bezeichnen. Nicht nur, dass die Stadt im 3. Jahrhundert n. Chr. die größte nördlich der Alpen war und ein Amphitheater besaß, das sich vor heutigen Arenen nicht zu verstecken braucht. Auch die **Barbarathermen** waren nach den Trajansthermen in Rom die zweitgrößten römischen Thermalanlagen überhaupt. Sie wurden bis zum 4. Jahrhundert genutzt und verfielen erst mit dem Verschwinden der Römer und den damit verbundenen Zerstörungen der Stadt. Sie waren stattliche 170 x 240 Meter groß und wurden daher unter anderem als Steinbruch genutzt und teilweise zu Wohnhäusern umgebaut.

Auf dem Grünstreifen zwischen Kaiserstraße und Südallee erreicht man kurz darauf auf der linken Seite die **Kaiserthermen**. Auch die Kaiserthermen stammen natürlich aus römischer Zeit. Sie waren zwar kleiner als die Barbarathermen, aber dass es sich um einen repräsentativen Bau han-

Ausblick von der Römerbrücke flussaufwärts in Richtung Luxemburg

Der Dom ist nur ein Grund für den Unesco-Welterbestatus in Trier.

delte, ist auch heute noch anhand der Ruinen gut zu erahnen. Vermutlich waren die Kaiserthermen jedoch nie als solche in Betrieb gegangen, wie die Innenausstattung vermuten lässt. So handelte es sich eigentlich nur um einen Rohbau, der zunächst verfiel, später jedoch zu einer Kaserne umgewandelt wurde. Als die Römer sich zurückzogen, wurden die Kaiserthermen zunächst noch als Burg benutzt, verfielen aber immer weiter, da sich die Einwohnerzahl Triers stark minimierte und die Thermen dadurch irgendwann außerhalb des Zentrums lagen. Zusammen mit zahlreichen anderen römischen Bauten befinden sich aber auch die Kaiserthermen auf der Liste der schützenswerten Güter der UNESCO.

STADTRUNDGANG DURCH TRIER

Steht man an den Kaiserthermen, so ist es auf der Olewiger Straße nur ein Katzensprung bis zum beeindruckenden Amphitheater. Es wurde im 1. Jahrhundert n. Chr. fertiggestellt und befindet sich auch wegen seines gut erhaltenen Zustands auf der Welterbeliste der UNESCO. Das Theater hatte ein Fassungsvermögen von rund 18 000 Besuchern. Zum Vergleich: Das Moselstadion, in dem die Mannschaft von Eintracht Trier zu Hause ist, fasst lediglich etwas über 10 000 Zuschauer. Allerdings war Trier im 3. Jahrhundert n. Chr. die einwohnerstärkste Stadt nördlich der Alpen

Einladend: die Trierer Altstadt zwischen Dom und Porta Nigra

und hatte fast genauso viele Einwohner wie heute. Das änderte sich nur zwischendurch mit dem Verschwinden der Römer. Die Architektur der Arena ist clever gelöst. Einerseits befindet sie sich direkt am Hang des Petribergs, wodurch nur eine Hälfte des Theaters für Zuschauerplätze aufgeschüttet werden musste, andererseits ist sie zugleich mit in die damalige Stadtmauer integriert worden. Darüber hinaus gab es Aufzüge in der Mitte der Arena, über die Gladiatoren und Tiere auf das Gelände gebracht werden konnten. Der dazu notwendige Keller ist bis heute erhalten geblieben. Neben den Kämpfen diente das Amphitheater aber auch öffentlichen Verkündigungen und Hinrichtungen. Somit war es ein wichtiger Anlaufplatz für die damalige Stadtbevölkerung. Die heutigen wichtigen Anlaufplätze erreicht man über die nördlich angrenzenden Grünanlagen an den Kaiserthermen. Sie sind Teil des Kurfürstlichen Parks, an dessen Seite die Möglichkeit besteht, hinter der Stadtmauer das Rheinische Landesmuseum zu besichtigen.

Bei einer solch interessanten und bedeutenden Geschichte wie der der

Stadt Trier ist es natürlich eine Selbstverständlichkeit, dass sie in einem entsprechenden Rahmen präsentiert und vorgestellt wird. Das Rheinische Landesmuseum Trier übernimmt diese Aufgabe in vorbildlicher Weise und befasst sich mit seinen Ausstellungen nicht nur mit der Zeit der Römer, sondern entführt seine Besucher auch in die Vorgeschichte, in das Mittelalter und auch in die Barockzeit. Zu den Höhepunkten zählen neben einem Stadtmodell Triers zur Römerzeit auch der bereits erwähnte Pfahl der ersten Römerbrücke, der die Gründung der Stadt markiert, sowie der bisher größte gefundene römische Goldschatz, bestehend aus 2 558 Goldmünzen. Aber auch sakrale Werke wie die wertvollen Glasmalereien aus dem Trierer Dom zählen zu den Exponaten.

Durch den Palastgarten spaziert man genau auf das Kurfürstliche Palais zu.

2

SAKRALE SEHENSWÜRDIGKEITEN

Während man am Museum vorbeispaziert, blickt man zugleich auf das stolze **Kurfürstliche Palais**, welches auf der linken Seite von der **Konstantinbasilika** flankiert wird. Die Konstantinbasilika stammt aus dem 4. Jahrhundert n. Chr. und gilt mit ihren Ausmaßen als größter Einzelraum, der seit der Antike erhalten geblieben ist. Sie gehört ebenfalls zum UNESCO-Weltkulturerbe Römische Baudenkmäler, Dom und Liebfrauenkirche in Trier und diente von Anbeginn an repräsentativen Zwecken. Sie war mit Marmor verkleidet, beherbergte zahlreiche Marmorsäulen und war darüber hinaus auch beheizt. Zu Beginn des 17. Jahrhunderts wurde gleich nebenan das Kurfürstliche Palais erbaut und an die Konstantinbasilika angebunden, die hierfür umgebaut wurde. Die Kurfürsten nutzen den Palast bis zum ausgehenden 18. Jahrhundert, als die napoleonischen Truppen einmarschierten. Sowohl die Konstantinbasilika als auch der Palast erlebten in den Jahrhunderten ihres Bestehens zahlreiche Umbauten und haben heute ein deutlich anderes Aussehen als bei ihrer Fertigstellung. Der Palastgarten im Süden des Palais ist ein beliebter Ruhepol in der Stadt und wird von hohen Hecken und mehreren Skulpturen flankiert, was den öffentlichen Park würdevoll erscheinen lässt.

Gerade einmal 200 Meter von der Konstantinbasilika entfernt, beeindrucken am Domfreihof gleich zwei weitere sakrale Bauwerke. Der **Dom** steht seit 1986 zusammen mit weiteren Baudenkmälern auf der Welterbeliste der UNESCO und ist darüber hinaus die älteste Bischofskirche in Deutschland. Wie archäologische Ausgrabungen in den Jahrzehnten nach dem Zweiten Weltkrieg herausfanden, steht das Gotteshaus auf den Resten eines vornehmen römischen Wohnquartiers aus dem 2. und 3. Jahrhundert n. Chr. Dieses verschwand jedoch im 4. Jahrhundert und wich einer Doppelkirche mit zwei dreischiffigen Basiliken. Das nördliche dieser beiden Kirchenschiffe wurde noch im selben Jahrhundert von den Franken zerstört und wieder aufgebaut. Die Normannen folgten im 9. Jahrhundert mit einer weiteren Zerstörung. Im Mittelalter ging es dann aufwärts mit der Kirche, auch im wörtlichen Sinne. Denn erst wurden die Westtürme der neu erbauten Basilika erhöht, im 16. Jahrhundert dann auch der Südwestturm, weil die Türme der St. Gangolfkirche mittlerweile höher waren. Nur wenige Meter neben dem Dom erhebt sich die ebenfalls

◀ Trier zeigt sich sakral ▶ und mit profanen Bauten – Hauptsache historisch.

zum Weltkulturerbe zählende **Liebfrauenkirche**. Mit ihrem Bau wurde im 13. Jahrhundert begonnen.

IM ZENTRUM UNTERWEGS

Über den Hauptmarkt und durch das Zentrum gelangt man am Ende der Straße zum Wahrzeichen Triers – die **Porta Nigra**. Im Jahr 180 n. Chr. begannen Arbeiter mit der Errichtung eines Stadttores, die der Stadt Augusta Treverorum einen Zugang durch die Stadtmauer von der Nordseite aus ermöglichen sollte. Die Porta Nigra besteht aus über 7 000 Steinquadern, von denen die größten bis zu sechs Tonnen wiegen. Und dennoch haben Untersuchungen ergeben, dass für den Bau vermutlich nur zwei bis vier Jahre benötigt wurden. Allerdings ist dieses Stadttor, welches vermutlich auch repräsentativen Zwecken dienen sollte, niemals ganz fertiggestellt worden. Der lateinische Name Porta Nigra, also Schwarzes Tor, ist schon im Mittelalter erwähnt worden und leitet sich vermutlich vom verwitterten Sandstein ab, der auch beim Trierer Dom und einigen anderen Sakralbauten Verwendung fand.

AUSFLÜGE RUND UM DIE STADT

Übrigens: Der Reisemobilpark befindet sich im Trierer Stadtbezirk West-Pallien. Das klingt ein wenig nach römischer Region und ganz so falsch würde man mit der Vermutung nicht liegen. Innerhalb Palliens sollen im 19. Jahrhundert römische Grabanlagen zerstört worden sein und die alte Römerstraße zwischen Trier und Bitburg verläuft nicht weit von hier, weshalb man Mauersteine, Ziegel und Keramiken aus römischer Zeit finden

◀ Der Georgsbrunnen im Rokokostil gehört genauso zu Trier ▲ wie das berühmte Wahrzeichen der Stadt, die Porta Nigra, ▼ und die Barbarathermen.

konnte. Bis zum Jahr 1913 war das Dorf Pallien noch selbstständig, wurde dann jedoch nach Trier eingemeindet und mit dem Ortsteil Trier-West zusammengelegt. Darauf ist schließlich auch der Name West-Pallien zurückzuführen, ein Ost-Pallien existiert hingegen nämlich nicht. West-Pallien ist ein guter Ausgangspunkt für diejenigen, die Wanderungen rund um Trier unternehmen und dabei den Ausblick auf die Stadt genießen möchten. Denn hier geht es hinauf auf den **Markusberg**. Er erhebt sich am Nordufer der Mosel und scheint über die Stadt Trier zu wachen. Er fällt besonders von der Südseite auf, wenn man von der Mosel oder der Stadt auf ihn blickt. Dabei ist es aber nicht der Hügel alleine, sondern die **Mariensäule**, die als weithin sichtbare Landmarke den Markusberg markiert. Die Marienfigur ist mitsamt dem Sockel, auf dem sie sich befindet, rund 40 Meter hoch und wurde im 19. Jahrhundert errichtet. Die Quader aus Sandstein für den Sockel wurden vermutlich aus Teilen der alten römischen Stadtmauer entnommen. Sieben Jahre dauerte die Errichtung, die fast ausschließlich aus Spenden der katholischen Bevölkerung finanziert wurde. Auch heute wird die nächtliche Illumination mit Spendengeldern bezahlt.

AUF EINEN BLICK

Info

STADT/REGION: Trier
BESTE REISEZEIT: Ganzjährig
OPTIMALE REISEDAUER: 3–4 Tage
TOURISTINFO:
Trier Tourismus und Marketing GmbH, Simeonstraße 55, 54290 Trier, Tel. 0651/97 80 80, www.trier-info.de

SEHENSWÜRDIGKEITEN

BARBARA-THERME: Südallee, 54290 Trier, Tel. 0651/4 60 89 65, www.zentrum-der-antike.de
KAISERTHERME: Weimarer Allee, 54290 Trier, Tel. 0651/4 36 25 50, www.zentrum-der-antike.de
AMPHITHEATER: Olewiger Straße 25, 54295 Trier, Tel. 0651/7 30 10
LANDESMUSEUM TRIER: Weimarer Allee 1, 54290 Trier, Tel. 0651/9 77 40, www.landesmuseum-trier.de
KURFÜRSTLICHES PALAIS: Willy-Brandt-Platz 3, 54290 Trier
KONSTANTINBASILIKA: Konstantinplatz 10, 54290 Trier, Tel. 0651/99 49 12 00, www.ekkt.ekir.de
LIEBFRAUENKIRCHE: Liebfrauenstraße 2, 54290 Trier, Tel. 0651/17 07 90, www.liebfrauen-trier.de
DOM UND DOMINFORMATIONSZENTRUM: Liebfrauenstraße 12, 54290 Trier, Tel. 0651/9 79 07 90, www.dominformation.de
FRIEDRICH-EBERT-STIFTUNG MUSEUM – KARL-MARX-HAUS: Brückenstraße 10, 54290 Trier, Tel. 0651/97 06 80, www.fes.de
PORTA NIGRA: Porta-Nigra-Platz, 54290 Trier, Tel. 0651/4 60 89 65, www.zentrum-der-antike.de
STADTMUSEUM SIMEON STIFT: Simeonstraße 60, 54290 Trier, Tel. 0651/7 18 14 59, www.museum-trier.de
MUSEUM AM DOM TRIER: Bischof-Stein-Platz 1, 54290 Trier, Tel. 0651/7 10 52 55, www.bistum-trier.de
SPIELZEUGMUSEUM: Dietrichstraße 51, 54290 Trier, Tel. 0651/7 58 50, www.spielzeugmuseum-trier.de

AUF EINEN BLICK

REISEMOBILPARK TREVIRIS

ADRESSE: In den Moselauen, 54294 Trier, Tel. 0651/8 69 21, www.reisemobilpark.camping-treviris.com

ANFAHRT: Auf der Bundesstraße 49 oder 51 bis in den Süden Triers und der Ausschilderung zur Messe folgen. Am Messepark wiederum der Ausschilderung zum Stellplatz folgen

GPS: N 49°44‘24“2, E 6°37‘27“9

Der dreieckig angelegte Wohnmobilstellplatz erstreckt sich auf der linken Seite der Mosel direkt am Ufer und ist nur durch den Radweg vom Wasser getrennt. 70 bis 80 Wohnmobile passen auf den Stellplatz, eine frühe Anreise ist empfehlenswert. Denn einerseits ist Trier natürlich beliebt, andererseits reichen die Stromanschlüsse bei Vollbelegung nicht aus. Neben der Ver- und Entsorgung ist auch ein Sanitärcontainer vorhanden. Betrieben wird der Platz vom nahegelegenen Campingpark Treviris.

CAMPINGPARK TREVIRIS

ADRESSE: Luxemburger Straße 81, 54294 Trier, Tel. 0651/8 69 21, www.camping-treviris.com

ANFAHRT: Von der Bundesstraße 49 auf die Bundesstraße 51 wechseln und durch das Gewerbegebiet bis zur Luxemburger Straße. Dort rechts abbiegen und bis zur Einfahrt an der Mosel durchfahren

GPS: N 49°44‘39“9, E 6°37‘29“7

Stadtcampingplatz in zentraler Lage. Das Umfeld mit benachbarten Schrottplätzen ist optisch nicht wahrzunehmen, aber unter Umständen akustisch. Auf der anderen Seite fließt die Mosel idyllisch am Platz vorbei. Entlang des Ufers hat man bereits nach 800 Metern die Römerbrücke erreicht und ist anschließend auch recht schnell im Stadtzentrum.

WOMOSTELLPLATZ AM WEINGUT NELL

ADRESSE: Im Tiergarten, 54295 Trier, Tel. 0651/3 23 97, www.vonnell.de

ANFAHRT: Die Bundesstraße 49 in etwa bei der Römerbrücke im Zentrum verlassen und auf der Südallee stadtauswärts in Richtung

◀ Schöne Skulpturen im Palastgarten ▲ Vom Wohnmobilstellplatz gelangt man leicht in die Altstadt. ▼ Karl Marx stammt aus Trier

Ortsteil Olewig. Am Kreisverkehr geradeaus, am Amphitheater vorbei und an der Haltestelle Tiergarten scharf rechts in die Straße Am Tiergarten bis zum Weingut
GPS: N 49°44‘18“6, E 6°39‘32“
15 Stellflächen außerhalb des Stadtzentrums in einem kleinen Tal in den Weinbergen des Weingutes Vonnell. In der Weinstube des Guts sind Weinverköstigungen möglich. Bis zum Dom im Stadtzentrum sind es knapp drei Kilometer beziehungsweise etwas mehr als eine halbe Stunden Fußweg. Aber auf dem Weg kommt man bereits am Amphitheater, den Kaiserthermen, dem Landesmuseum und der Konstantinbasilika vorbei.

DIE MOSELREGION ABSEITS DER MOSEL

Wandern durch den Meulenwald und im Kylltal

Auch der Ruine sieht man den Stolz der einstigen Burg Ramstein noch an.

3

Nördlich und westlich von Schweich lässt sich die Mosellandschaft abseits des Flusstals ebenfalls wunderbar erkunden. Und nicht nur das, es gibt dort auch jede Menge zu sehen. Im Idealfall schlüpft man hierfür in die Wanderschuhe und schnappt sich ein wenig Proviant für den Meulenwald und für die Sehenswürdigkeiten rund um Butzerbach.

Der **Meulenwald** ist nicht nur ein Wald, sondern zugleich auch ein Höhenzug der Eifel, der bis zu 448 Meter in die Höhe ragt. Sein höchster Punkt ist am nördlichen Rand der Kellerberg, auf dem sich der hölzerne Dierscheidter Aussichtsturm befindet, der im Jahr 1999 errichtet wurde. Mit seinem Dach, in dem sich kurioserweise sogar eine Dachluke befindet, ist er 22 Meter hoch. Die Aussichtsplattform erreicht jedoch nur eine Höhe von 18 Metern. Das reicht aber aus, um die sagenhafte Aussicht über die Baumwipfel genießen zu können und weit über die Eifel seinen Blick schweifen zu lassen. Im südlichen Bereich ist der Meulenwald stark von Kiefern geprägt. Gleichzeitig befindet sich am Südrand und am Ortsrand von Trier-Ehrang/Quint das Trierer Forstamt, von dem aus ein fast vier Kilometer langer Rundwanderweg an zahlreichen Exoten vorbeiführt und auch als Reise zu den Bäumen dieser Welt bezeichnet wird. So sind dort neben Mammutbäumen auch Ginkgo-Bäume, Korea-Tannen, Robinien, Japanische Lärchen und weitere außergewöhnliche Bäume angepflanzt. Im Jahr 2012 wurde der Meulenwald als Waldgebiet des Jahres ausgezeichnet – eine Auszeichnung, die damals zum ersten Mal vergeben wurde.
Südöstlich der kleinen Gemeinde Zemmer entspringt in einer Höhe von 376 Metern der **Quintbach**. Er verläuft weitestgehend am Rande des Meulenwald und markiert in weiten Teilen die Grenze zwischen Schweich und Trier. Im 14. Jahrhundert war der Quintbach Standort für zwei Mühlen. Heute speist er die beiden kleinen Teiche Wolfkauler Weiher und Kaiserhammerweiher mit Wasser, wird von mehreren kurzen Bächen erreicht und mündet nach einem Verlauf von rund neun Kilometern in die Mosel. Der Kaiserhammer Weiher lockt noch heute den einen oder anderen Badegast aus Trier an – zum Nacktbaden. Allerdings hat der **Kaiserhammer Weiher** nicht mehr die Anziehungskraft wie noch vor zwei, drei Jahrzehnten. Damals stand nämlich auf der anderen Straßenseite ein

3

äußerst beliebtes Ausflugslokal und die Menschen strömten an sonnigen Sonntagen zum Erholen, Picknicken und Baden an den Weiher. Schon im ausgehenden 19. Jahrhundert wurde das Lokal in diversen Eifelführern als Ausflugsziel beworben, aber wegen einer fehlenden Stromversorgung und auch wegen der nicht vorhandenen Kanalisation der Gaststätte kam es zum wirtschaftlichen Abschwung und das Gasthaus verfiel zur heutigen Ruine. Die Abwässer der Gaststätte wurden übrigens direkt in dem vom Quintbach gespeisten Weiher geleitet, was zu einer erhöhten Anzahl von Kolibakterien und einem damit verbundenen Badeverbot führte – sowohl nackt als auch mit Badeanzug.

◀ Über Hängeseilbrücken wandert man durch das Butzerbachtal.

▲ Römische Langmauer im Wald ▼ Die Wanderwege sind gut ausgeschildert.

Nach Butzweiler wandert man über Stock und Stein sowie im Auf und Ab.

ERLEBNISWANDERUNGEN AM BUTZERBACHTAL

Doch nicht nur der Meulenwald besticht durch wunderbare Wanderungen. Etwas weiter westlich fließt die Kyll kurvenreich durch ihr Tal und nimmt unterhalb der Burg Ramstein noch das Wasser des Butzerbachs auf, bevor sie in die Mosel mündet. Der **Butzerbach** ist gerade einmal drei Kilometer lang, besticht aber durch ein wunderschönes Tal, in dem der Fluss ein halbes Dutzend Wasserfälle bildet, die in der weiteren Umgebung als Butzerbachfälle bekannt sind. Diese ergießen sich über Sandsteinfelsen und sind für Wanderer durch spektakuläre Hängebrücken touristisch erschlossen.

Auf einem Höhenrücken zwischen dem Tal der Kyll und dem Moseltal befindet sich der kleine Ort **Butzweiler**, wo der Butzerbach entspringt. Wie viele Ortschaften der Region ist auch Butzweiler schon zur Zeit der Römer besiedelt gewesen. Namentlich erwähnt wurde der Ort jedoch erst zu Beginn des 10. Jahrhunderts. Besonders auffällig ist an dem langgestreckten Ort, dass es scheinbar drei kleine Zentren gibt. Hierbei handelte es sich um die Ortschaften Kirchen, Mont und Vohl, die im 19. Jahrhundert zusammengelegt wurden und erst langsam durch weitere Bauten zusammenwuchsen. Das erklärt zum Beispiel die Lage der Kirche, die sich oberhalb von Butzweiler befindet und nicht weiter unten im Ortskern.

Durch das Butzerbachtal verläuft der Premiumwanderweg Römerpfad, der unter anderem bis zur Burg Ramstein verläuft. Auf dem Weg dorthin

Die Klausenhöhle lässt sich sogar auf zwei Etagen mittels Leiter erkunden.

passiert man die **Pützlöcher** eines Römischen Kupferbergwerks. Neun senkrechte Schächte reichen bis zu einer Tiefe von 20 Metern und wurden von den Römern angelegt, die hier ein Kupferbergwerk und einen Steinbruch betrieben. Damit gehören diese sogenannten Pützlöcher zu den ältesten Anlagen des antiken Bergbaus innerhalb Deutschlands. Der Name stammt vom Wort Pütz, womit in der Region ein ausgemauertes Loch in der Erde zum Sammeln von Wasser gemeint ist. Es wird vermutet, dass es früher sogar mehr Schächte gab und damit dieses Bergwerk deutlich größer war. Dennoch kann angenommen werden, dass nur rund 5 Zentner Eisenerz gefördert wurden, was angesichts des Aufwands, dieses Bergwerk zu schaffen, sehr gering war. Nach dem Rückzug der Römer wurden die Pützlöcher erst im 18. Jahrhundert wieder kurzzeitig genutzt. Aus dieser Zeit stammt auch ein quer verlaufender Stollen mit einer Länge von etwas über 100 Metern. Aus dem angrenzenden Steinbruch stammt Gestein, das beim Bau der Porta Nigra in Trier verwendet wurde.

Tipp

Wer sich generell für den Bergbau interessiert, der sollte dem Nossertal auf der anderen Moselseite, südlich von Riol, einen Besuch abstatten. Dort kann man in das Besucherbergwerk Barbara-Hoffnung einfahren und unter Tage eine konstante Temperatur von 12° C erleben. Besucherbergwerk, Auf den Schiefergruben, 54341 Fell, Tel. 06502/99 40 19, www.bergwerk-fell.de

3

BURGRUINEN UND HÖHLENBESUCHE IM WALD

Die Geschichte von **Burg Ramstein**, die sich oberhalb der Kyll an einem Felshang erhebt, beginnt im frühen 10. Jahrhundert, als der damalige Erzbischof von Trier ein landwirtschaftliches Gut errichten ließ und dieses später befestigt wurde. Was in den folgenden 400 Jahren jedoch mit dem Gut geschah, ist nicht überliefert. Erst im 14. Jahrhundert wurden die noch heute vorhandenen Mauern der Burg errichtet. Die Burg wurde in den folgenden Jahrhunderten mehrfach beliehen, wechselte oft ihren Besitzer und nach mehreren Belagerungen und den damit verbundenen Zerstörungen wieder renoviert. Doch der Spanische Erbfolgekrieg bedeutete das Aus für die Burg, da sie in Brand gesteckt und teilweise gesprengt wurde. In der ersten Hälfte des 19. Jahrhunderts kam sie in Privatbesitz und ist seither Standort für einen gastronomischen Betrieb. Die Ruine, die sich mit ihren Außenmauern in die Höhe streckt, kann kostenfrei besichtigt werden.

Vom Butzerbachtal beziehungsweise von der Burgruine aus gelangt man auch in den südlicher gelegen Wald, in dem mehrere sehenswerte Höhlen auf die Wanderer warten. Mitten im Wald taucht zum Beispiel unvermittelt die **Genoveva-Höhle** auf, die es auf ein Alter von 220 Millionen Jahren bringt. Sie ist nur rund 15 Meter breit und auch nur 12 Meter tief. Die Decke befindet sich in einer Höhe von ca. acht bis zehn Metern. Früher war die Höhle sogar bewohnt und beherbergte kleine Hütten auf dem flachen

Während der Waldwanderung steht man unvermittelt vor den Höhlen.

Plateau oberhalb der Treppenstufen, die erst zu Beginn des 20. Jahrhunderts angelegt wurden. Im Gegensatz zur sehr offenen Genoveva-Höhle wirkt die nahegelegene **Klausenhöhle** mehr wie eine klassische Höhle. Sie wird in der Tiefe immer schmaler, dunkler und wurde in harter Handarbeit ausgestaltet, damit Einsiedler sich dahin zurückziehen können. Auf der rechten Seite befindet sich eine Nische, die heute nur über eine Metallleiter erreicht werden kann und die als Schlafraum diente. Darunter ist ein kleiner Andachtsraum in den Fels geschlagen und am Höhleneingang erkennt man zudem auch einige Fratzen und Gesichter, die den frommen Ort vermutlich vor bösen Geistern schützen sollten.

Zwischen Waldrand und dem Ort Butzweiler erhebt sich eine weitere Sehenswürdigkeit, die auf die Römer zurückzuführen ist und als **Langmauer** bezeichnet wird. Ganze 72 Kilometer war die Langmauer lang und erreichte damit fast die Hälfte der späteren Berliner Mauer. Allerdings hatte diese Mauer, die unter dem römischen Kaiser Valentinian I. im 4. Jahrhundert n. Chr. erbaut wurde, vermutlich einen friedlicheren Zweck und diente aufgrund ihrer Höhe von nur zwei Metern eher der Abwehr gegen einfallendes Wild. Denn das Gelände, das die Mauer umfasste, befand sich in kaiserlichem Besitz und bestand überwiegend aus fruchtbarem Ackerboden. Andere Vermutungen gehen in die Richtung, dass die Mauer für die

Auch ein Kreuzweg lässt sich bei einer Wanderung in den Wäldern besichtigen.

Die Höhlenlandschaften sind ein Highlight bei Butzweiler.

Pferdezucht oder Schafhaltung errichtet wurde. Wofür auch immer, fest steht, dass die Mauer dafür sorgte, dass Bauernhöfe innerhalb des eingemauerten Bereichs bis in das 5. Jahrhundert Bestand hatten, während die Höfe außerhalb der Mauer schon ein Jahrhundert zuvor aufgegeben werden mussten. Heute kann man an dieser Stelle aufgrund der Überreste und Rekonstruktionen noch erahnen, wie die bis zu 80 Zentimeter dicke Mauer ausgesehen haben mag.

ABSCHLUSS DER WANDERUNG IN SCHWEICH

Nach den ausgiebigen Wandertouren sollte man aber auch dem Ort **Schweich** einen kurzen Stadtrundgang abstatten. Der Ort liegt nicht nur am Rande des Meulenwalds, sondern kann auch getrost als Tor zum Mittelmoseltal bezeichnet werden. Denn gleich hinter Schweich beginnen flussabwärts die spektakulären Schleifen der Mosel, die sich an weiteren sehenswerten Orten wie Bernkastel-Kues, Traben-Trarbach, Zell und Cochem entlangschlängeln. Schon im frühen 8. Jahrhundert wurde der Ort erstmalig namentlich erwähnt. Der alte, weiß leuchtende Fährturm mit dem etwas zu schief geratenen Dach ist das Wahrzeichen der Ortschaft und steht direkt am Moselufer beziehungsweise direkt am Wohnmobil auf dem Campingplatz. Er markiert einen der ehemals wichtigsten Fährübergänge auf der mittelalterlichen Straße zwischen Koblenz und Trier. Die Stadtrechte besitzt Schweich trotz des langen Bestehens aber dennoch erst seit dem Jahr 1984. Heute schützen mehrere Denkmalzonen im Ortskern die historischen Gebäude im alten, dörflichen Zentrum von Schweich.

AUF EINEN BLICK

Info

STADT/REGION: Schweich/Meulenwald Römische Weinstraße
BESTE REISEZEIT: AprilOktober
OPTIMALE REISEDAUER: 1–2 Tage
TOURISTINFO: Römische Weinstraße e.V. Tourist Information, Brückenstraße 46, 54338 Schweich, Tel. 06502/9 33 80, www.roemische-weinstrasse.de

SEHENSWÜRDIGKEITEN

HEILBRUNNEN SCHWEICH: Am Heilbrunnen 1, 54338 Schweich, www.mosella-schweich.de
SCHLOSS FÖHREN: Hofstraße 27, 54343 Föhren, Tel. 06502/67 59, www.schloss-foehren.de
DIERSCHEIDTER AUSSICHTSTURM: 54523 Dierscheid
BURGRUINE RAMSTEIN: Burg Ramstein 1, 54306 Kordel, Tel. 06505/17 35, www.burgramstein.de
BUTZWEILER WASSERFÄLLE/PÜTZLÖCHER/GENOVEVAHÖHLE/ KLAUSENHÖHLE/LANGMAUER: Römerpfad im Butzerbachtal
BAUM-WELT-PFAD: Am Rothenberg 10, 54293 Trier, www.wald-rlp.de
RÖMISCHE VILLA URBANA: 54340 Longuich, www.kulturdb.de

WOHNMOBILSTELLPLATZ AM WEINGUT FEITEN

ADRESSE: Rioler Weg 2, 54340 Longuich, Tel. 06502/84 44
ANFAHRT: Die Autobahn 1 an der Ausfahrt 130/Dreieck Mosetal verlassen und Richtung Riol fahren. Auf der Landstraße an der zweiten Möglichkeit nach links abbiegen und sofort nach rechts zu den Weinbergen
GPS: N 49°48‘13“9, E 6°46‘42“9
40 Wohnmobile finden hier zwischen den Weinbergen und nahe der Mosel Platz. Der Stellplatz gehört zur nahegelegenen Weinhandlung, in der sowohl Wein erworben als auch in der Straußwirtschaft Platz genommen werden kann. Ver- und Entsorgungsstation sowie Sanitär vorhanden

◀ Aussichtstürme bieten Fernblicke. ▶ Übernachtung direkt an den Weinreben

WOHNMOBILSTELLPLATZ AM WEINGUT LONGEN-SCHLÖDER

ADRESSE: Kirchenweg 9, 54340 Longuich, Tel. 06502/83 45, www.longen-schloeder.de

ANFAHRT: Die Autobahn 1 an der Ausfahrt 130/Dreieck Mosetal verlassen und Richtung Riol fahren. Auf der Landstraße an der ersten Möglichkeit nach links abbiegen. Vor dem kleinen Denkmal links in den Kirchenweg, nach 350 Metern auf der linken Seite

GPS: N 49°48'37"7, E 6°45'51"4

Kleiner Stellplatz hinter einem Weingut, umgeben von einem Weinberg und einer Obstbaumwiese sowie einem Getränkemarkt. Die geschotterten Flächen reichen für zehn Fahrzeuge, dann wird es aber auch eng. Eine Dusche befindet sich im Haus des Weinguts.

CAMPING ZUM FÄHRTURM MIT WOHNMOBIL-STELLPLATZ

ADRESSE: Am Yachthafen, 54338 Schweich, Tel. 06502/9 13 00, www.kreusch-wassersport.de

ANFAHRT: Auf der Bundesstraße 53 bis zum Kreisverkehr in Schweich. Dort weiter in Richtung Autobahnbrücke und gleich an der ersten Gelegenheit rechts zum Moselufer

GPS. N 49°48'51"8, E 6°45'02"0

Die Anlage besteht aus einem großen Campingplatz mit vorgelagertem Wohnmobilstellplatz zwischen der Moselbrücke und dem Yachthafen. Zum Platz, zu dem auch der Hafen zählt, gehört auch das Restaurant im ehemaligen Fährturm aus dem 18. Jahrhundert.

WANDERSPASS AN DER MOSEL

Unterwegs zwischen Riol und Mehring

Die Römervilla ist in Mehring eine der Hauptsehenswürdigkeiten.

4

Es ist nicht nur der Wein, auf den man an der Mosel blickt. An den Hängen im Moseltal lassen sich auch einige Wälder erkunden - sei es bei einer Fahrt auf der Sommerrodelbahn oder mit Wanderschuhen in den Klettersteigen, die tolle Ausblicke auf den Fluss ermöglichen.

Die beiden Ortschaften Riol und Mehring liegen gerade einmal zwei Kilometer Luftlinie auseinander. Dazwischen erstreckt sich die Mosel und der Campingpark Triolago. Triolago ist dabei mehr als nur ein herkömmlicher Campingplatz. Hier werden zahlreiche Freizeitmöglichkeiten angeboten, zu denen Fußballgolf und eine Sommerrodelbahn zählen. Auf der relativ langen Abfahrt geht es zunächst durch den Wald und später am Weinberg vorbei hinab bis zu einem Feriendorf, das natürlich ebenfalls zum Freizeitzentrum Triolago gehört. Langeweile kommt hier also keinesfalls auf, und wer es ruhiger mag, der kann auch einfach die verschiedenen Seen auf dem Fußweg umrunden, die sich rund um den Campingpark erstrecken. Und nicht zu vergessen wären da auch noch die Mosel und die zahlreichen Weingüter in Riol sowie in Mehring.

So gestaltet sich der Ausblick von den Moselhängen auf Mehring.

4

RUND UM RIOL lässt sich die Geschichte des Weins und des Weinanbaus an der Mosel auf einem fünf Kilometer langen Rundwanderweg erleben. Auf 15 Schautafeln wird über die Rebe, über die Arbeiten im Weinberg, über Erziehungsarten, über den Riesling und den Sekt, ausführlich informiert. Ausgangspunkt für den Weinerlebnispfad ist die Bahnhofstraße in Riol.

Aber auch spannende Freizeitmöglichkeiten warten außerhalb der Ortschaften darauf, erkundet zu werden. Zu nennen wäre da zunächst beispielsweise der Rioler Klettersteig.

◀ Ein fest installiertes Seil dient als Handlauf im Klettersteig.

▲ Wein, wohin das Auge blickt ▼ Und beim Wandern geht's meist bergauf.

Kleine Eidechsen huschen ständig durch die Weinberge.

KLETTERTOUR IM RIOLER KLETTERSTEIG

Am Parkplatz vor der Sommerrodelbahn folgt man dem Weg hinauf zum Hotelrestaurant Triolago und steuert auf den Eingang der im Juni 2010 eröffneten Sommerrodelbahn zu. Schon bald erreicht man eine Gabelung mit einem Hinweisschild zum Rioler Klettersteig. Wandert man dem Schild folgend nach links, steigt man in einen schmalen Pfad ein. Unter mächtigen Felsbrocken, die aus dem Waldboden aufzutauchen scheinen, wandert man auf dem steil aufwärts führenden Weg nach oben. Nicht immer ist er ausgeschildert, doch kann man dem ausgetretenen Pfad ohne Probleme durch den Wald folgen. Wurzeln, loses Gestein und Laub wechseln sich unter den Schuhen ab und gemahnen zur Vorsicht, während man stetig und zügig an Höhe gewinnt und dabei kleinere Forstwege überquert. Man hat schon etliche Höhenmeter zurückgelegt, wenn man auf dem Klettersteig auf seinen schönsten und markantesten Abschnitt trifft. Zwei steil aufragende Felsen fordern Trittsicherheit, doch ein Sicherungsseil unterstützt bei der Kletter-Wanderung. Vorsichtig erklimmt man Meter für Meter, bis man mit dem Ende des Seils einen mit roten Pfeilen und Punkt markierten Weg erreicht. Ein großes Holzkreuz, zwei Sitzbänke zum Ausruhen und eine wunderbare Aussicht in das Moseltal erwarten einen am höchsten Punkt der Tour und man hat beste Möglichkeiten, sich von dem anstrengenden Aufstieg zu erholen und die Aussicht zu genießen. In weiter Ferne erkennen man zur Linken die Fellerbachtalbrücke der Autobahn 1, dahinter am gegenüberliegenden Moselufer Schweich und zur Rechten beiderseits der Mosel die kleine, zwischen Weinbergen eingebettete Ortschaft Mehring.

Auch hinter Mehring erheben sich gleich die Weinberge.

WO EINST DIE RÖMER WEILTEN

Auch von dort aus kann man eine wunderbare Wanderung starten. Diese beginnt aber zunächst mit der Besichtigung der römischen Villa Rustica in Mariniacum. Sie galt als eine der größten in der Region von Augusta Treverorum. Das bedeutet: Das (römische) Landhaus von Mehring war eines der größten in der Trierer Region. Es wurde zu Beginn des 2. Jahrhunderts n. Chr. erbaut und besaß nach späteren An- und Umbauten 34 Räume. Die römischen Besitzer wandelten auf mehrfarbigen Mosaikböden, die durch eine Fußbodenheizung erwärmt wurde. Zwar waren die Überreste der Villa Rustica bereits im 19. Jahrhundert bekannt, doch freigelegt wurden sie erst in den 1980er-Jahren. Heute gilt das restaurierte Bauwerk als Bodendenkmal und ist frei zugänglich.

Für die Wanderung lässt man die Villa Rustica hinter sich und kann sich zunächst in der angrenzenden Weinstube Zur Römervilla eine kleine Stärkung gönnen. Danach geht es zwischen den Weinbergen und am Moselufer mit Blick auf die Mosel über mehrere Kreuzungen hinweg und man kann bei der Arbeit der Winzer zuschauen. Auf einem asphaltierten, leicht kurvigen Weg geht es bergauf und Sitzbänke laden unterwegs zu Pausen mit schöner Aussicht auf das Moseltal ein, bis man ein Wassertretbecken erreicht. Flugs die Wanderstiefel ausgezogen und die Hose umgekrempelt, steigt man durch das Wasser und regt seinen Kreislauf an. Vor dem Wassertretbecken geht es nach links in einen dichten Mischwald hinein. Immer wieder hat man Ausblick auf Mehring, bis man auf der rechten Seite ein Sicherungsseil entdeckt. Für die nächsten Meter ist Trittsicherheit gefragt, denn es geht durch den schotterigen Hang eines ehemaligen Steinbruchs. Dabei nutzt man unter anderem auch eine Metallleiter, auf der man sorgsam die Sprossen hinabsteigt. Wenig später hat man dann auch schon einen elementaren Abschnitt dieses Klettersteigs hinter sich gebracht, doch der schmale Pfad führt noch immer durch den ehemaligen Steinbruch, wo loses Gestein von Farnen überdeckt wird. Mitten in der Steilwand steht man nun und genießt den Ausblick auf den Yachthafen und Campingplatz von Pölich am anderen Moselufer. Abermals hilft ein Stahlseil, wenn man kleinere Felsbrocken, die sich in den Weg gelegt haben, überklettert.

EIN FLUSS WIRD ZU FÜNF SEEN

Wer einen noch schöneren Ausblick erleben möchte, der muss noch weiter nach oben. Das geht leicht, dafür folgt man einfach der Beschilderung am Moselhang zum **Fünf-Seen-Blick**. Hat man diesen erreicht, so sind es gleich noch einmal 20 Höhenmeter, die man über 105 Stufen überwindet. Denn am Fünf-Seen-Blick erhebt sich seit 1992 ein Holzturm, der eine fantastische Aussicht nach Norden bietet. Schnell stellt man jedoch fest, dass es keine fünf Seen sind, die man erkennt. Vielmehr handelt es sich um die Mosel, die sich durch ihr Tal windet und dadurch den Eindruck vermittelt, man könne fünf verschiedene Gewässer erblicken.

Und immer wieder schaut man Schiffen auf der Mosel hinterher.

AUF EINEN BLICK

Info

STADT/REGION: Riol
BESTE REISEZEIT: April–Oktober
OPTIMALE REISEDAUER: 1–2 Tage
TOURISTINFO:
Verein für Kultur und Tourismus Riol,
Hauptstraße 13, 54340 Riol
Tel. 06502/77 95

SEHENSWÜRDIGKEITEN

RÖMERVILLA MEHRING: In der Kirchheck 20, 54346 Mehring, www.strasse-der-roemer.eu
FAHRRADVERLEIH LONIEN: Weinbergstraße 17, 54346 Mehring, Tel. 0173/2 06 28 90, www.fahrradverleih-lonien.de
AUSSICHTSTURM FÜNF-SEEN-BLICK: Nahe der K85 (N49°47'09"6, E 6°51'30"0)
RÖMISCHE WASSERLEITUNG: Im Weinberg, 54340 Pölich
HUXLAY-HÜTTE (PICKNICKPLATZ) AM HUXLAY-PLATEAU MIT AUSSICHT: Oberhalb von Pölich in den Weinbergen

MOSELCAMPING PÖLICHER HELD

ADRESSE: Moselufer, 54340 Pölich, Tel. 06507/70 33 47, www.moselcamp.de
ANFAHRT: Auf der Bundesstraße am südlichen Ortseingang von Pölich rechts und gleich an der ersten Möglichkeit links hinter den Booten abbiegen
GPS: N 49°47'48"9, E 6°51'04"1
Kleiner Campingplatz mit Pizzeria und Sauna. Außerdem existiert ein eigener Bootsanlegesteg, der Platz liegt direkt am Ufer.

WOHNMOBILSTELLPLATZ MEHRING

ADRESSE: Moselweinstraße 4, 54346 Mehring, Tel. 06502/9 96 99 72, www.wohnmobilstellplatz-del-mosel.de
ANFAHRT: Auf der Bundesstraße 53 Mehring in Richtung Schweich verlassen

◀ Für den Fünf-Seen-Blick erklimmt man den Turm. ▲ Römische Villa Mehring ▼ Auf dem Stellplatz Mehring blickt man aufs Wasser.

GPS: N 49°47'39", E 6°49'02"1
Stellplatz mit geschotterten Stellflächen für ca. 60 Reisemobile. Die erste Reihe ist nur durch den Moselradweg vom Wasser getrennt.

CAMPINGPARK UND WOHNMOBILSTELLPLATZ TRIO-LAGO

ADRESSE: Am Campingplatz 1, 54340 Riol, Tel. 06502/99 55 60, www.campingpark.triolago.eu
ANFAHRT: Die Autobahn 1 an der Ausfahrt 130/Dreieck Mosetal verlassen und Richtung Riol fahren. Auf der Landstraße bis zum Kreisverkehr am Ende
GPS: N 49°47'33"3, E 6°48'38"0
Große Campinganlage, die sich an einem See gleich neben dem Moselufer erstreckt. Auf dem See kann gesurft und gerudert werden, auch Baden ist erlaubt. Zum Platz gehört auch eine Rodelbahn und eine Wasserskianlage. Fußballgolf und eine etwas größere Variante vom Minigolf ist ebenfalls möglich. Zum Platz gehört, etwas vorgelagert am Kreisverkehr, auch ein Wohnmobilstellplatz für 66 Fahrzeuge, auf dem man klassisch ohne Reservierung anreisen kann.

WO SICH DIE MOSEL SCHLÄNGELT

Auf Entdeckungstour rund um Trittenheim

In der Regel geht es beim Wandern durch die Weinberge in die Höhe.

5

Weinberge mit steilen Pfaden auf Schiefergestein, Absprungrampen für Paraglider – wer will, kann es hier abenteuerlich haben. Doch auch für Ruhesuchende sind das Krippenhaus, die Fährtürme und das Dhron-Tal genau richtig.

Zwischen Schleich an der Moselstaustufe Detzem und der wesentlich größeren Ortschaft Neumagen-Dhron zeigt die Mosel auf ihrem Weg von Trier nach Koblenz zum ersten Mal deutlich, wie sie sich durch die Landschaft zwischen Eifel und Hunsrück winden kann. In S-Kurvenform bildet sie eine der vielen Moselschleifen, die beinahe eine Art Halbinsel umschließt. Auf diesem Weg zwischen Schleich und Neumagen-Dhron befinden sich mehrere kleine Weinorte, die fast allesamt eines gemeinsam haben: Sie bieten Übernachtungsmöglichkeiten für Camper und sind gute Ausgangspunkte, um die Weinberge dieser ersten nennenswerten Moselschleife zu erkunden.

STEIL BERGAUF IM THÖRNICHER RITSCH

Detzem, Ensch und **Thörnich** sind die nächsten drei Weindörfer entlang der Mosel. Weit auseinander liegen sie nicht, wie so oft in der Moselregion. Als Beispiel sei der kleine private Campingplatz Thörnich am Weingut der Familie Schmitt zu erwähnen. Er befindet sich zwischen Thörnich und Detzem, wobei es zu Fuß nur 300 Meter nach Thörnich sind und 700 Meter bis Detzem. Selbst Ensch ist nur 500 Meter Luftlinie entfernt, doch hier versperrt die Mosel den Weg. Es lässt sich also viel zu Fuß erkunden. Das gilt vor allen Dingen für den **Thörnicher Ritsch** am linken Moselufer, gleich neben der Moselbrücke bei Thörnich.

Der dortige steile Hang aus Grauschiefer ist ständig in Bewegung, immer wieder rutscht Gestein in das Tal hinab, und so erklärt sich auch der Name Thörnicher Ritsch. Diese weltbekannte Weinlage, gleich gegenüber dem Moselort Thörnich, auf der die geschmackvollen Rieslingtrauben auf dem Schiefergestein in dieser atemberaubenden Steillage gedeihen, verdankt ihren Bekanntheitsgrad unter anderem Konrad Adenauer. Der erste deutsche Bundeskanzler war es, der den Moselwein vom Thörnicher Ritsch zu Verhandlungsgesprächen über die Freilassung von Kriegsgefangenen mit in die Sowjetunion nahm. Nicht überliefert ist jedoch, ob es am Wein lag, dass Adenauers Verhandlungen erfolgreich verliefen.

5

Durch den Thörnicher Ritsch verlaufen mehrere Pfade, die allesamt steil rauf- bzw. runterführen, zum Beispiel der sogenannte Gackes-Pfad. Der Unterschied von knapp 100 Höhenmetern klingt überschaubar, erfordert aber aufgrund des steilen Anstiegs ein wenig Kondition. Und oben angekommen, merkt man ebenfalls, dass 100 Höhenmeter einen großen Unterschied ausmachen, denn der Ausblick von der kleinen Aussichtsplattform ist einfach nur schön und eine wunderbare Belohnung für diese kurze Wanderung.

ANFANG SEPTEMBER findet in Thörnich alljährlich das Weinhöfefest statt, das am gesamten Wochenende bis zu 3 000 Besucher anlockt. Die Weinhöfe in Thörnich bieten dann kulinarische Köstlichkeiten und eine geführte Erlebnisweinprobe durch die jeweiligen teilnehmenden Weinhöfe des Ortes. Mit Live-Musik und weiteren Wanderungen durch die Weinberge wird das gesamte Wochenende abgerundet.

◀ Auf dem Gackes-Pfad wandert man zwischen Reben. ▶ Malerischer Weinort

Trittenheim liegt inmitten einer Moselschleife und ist von Weinbergen umgeben.

Ein historisches Bauwerk befindet sich in Klüsserath, der nächsten Ortschaft entlang der Mosel. Bei erfahrenen Mosel-Campern ist Klüsserath vor allen Dingen für seinen enorm großen Wohnmobilstellplatz bekannt. Doch markant ist an der Hauptstraße im Ort noch heute die ehemalige Wasserburg Klüsserath. Der rechteckige Bau aus Bruchsteinen stammt aus dem 7. Jahrhundert und beherbergt eine Straußwirtschaft. Bei einer Weinprobe in den Burgmauern ist man in guter Gesellschaft, denn auch Kaiser Maximilian weilte im frühen 16. Jahrhundert in der Wasserburg, als er auf dem Weg zum Reichstag nach Trier reiste.

AUSBLICKE AUF DIE MOSEL – AUCH AUS DER LUFT

In Klüsserath lohnt an Sonnentagen auch ein Blick nach oben, denn immer wieder wird man hier Paraglider, die sanft zur Mosel hinabschweben, zu Gesicht bekommen. Oberhalb der Ortschaft und den Weinbergen befindet sich ein sehr schöner und gepflegter Picknickplatz inmitten von zwei nahegelegenen Startplätzen für die Drachenflieger. Je nachdem, welchen der beiden Startplätze die Paraglider nutzen, schweben sie bis zu 170 Meter in die Tiefe zum Landeplatz, der sich zwischen Wohnmobilstellplatz und Campingplatz befindet. Wer mit seiner eigenen Ausrüstung hinabgleiten möchte, muss sich als Gast beim Paraglider-Verein Moselfalken registrieren und eine geringe Gebühr entrichten.

Mag man es bodenständiger, dann kann man ab dem Picknickplatz auf

5

dem rund zwölf Kilometer langen Klüsserather Sagenweg eine Runde drehen. Im Verlauf der Wanderung genießt man den Blick auf Neumagen-Dhron und erreicht man auch den Hinkelstein Trittenheim. Manch einer mag jetzt an die berühmten Hinkelsteine von Obelix denken, was gar nicht so abwegig ist. Denn an der Mosel trifft man ja immer wieder auch auf römische Spuren. Der Hinkelstein, der auch als Eselstratt bezeichnet wird, ist ein Menhir, der deutlich bearbeitet wurde, und das vermutlich schon vor 3 500 Jahren.

SEHENSWERTES IN TRITTENHEIM

Köwerich und Leiwen sind am rechten Moselufer die nächsten beiden Ortschaften, die vor allen Dingen mit ihren zahlreichen Weingütern und Straußwirtschaften punkten. Mitten auf der »Halbinsel« in der Moselschleife befindet sich wiederum der Weinort Trittenheim, nur ein Katzensprung von Leiwen entfernt. Trittenheim blickt auf eine über tausendjährige Geschichte zurück und besticht ebenfalls mit einer Vielzahl an Weingütern. Nicht ganz so alt, dennoch historisch, sind die beiden Fährtürme, die zweifelsohne als Wahrzeichen der Ortschaft bezeichnet werden können. Sie stammen aus der ersten Hälfte des 19. Jahrhunderts und dienten als Wohngebäude für die Fährleute sowie als Verankerungsplatz für die einstige Fähre. Hierbei handelte es sich nämlich bis zu Beginn des 20. Jahrhunderts um eine Gierseilfähre, die an einem Seil befestigt von einem Moselufer zum anderen gezogen wurde. Der Fährbetrieb wurde zwar eingestellt, doch die Türme sind

◀ Orte wie Trittenheim... ▶ ...erkennt man aus der Ferne an ihren Kirchen.

Etwas abseits spaziert man auch an Gehegen mit Damwild entlang.

geblieben. Eine erste Brücke entstand gleich neben den Fährtürmen, von der auf der Ortsseite noch der Brückenkopf vorhanden ist. Gleich daneben fährt man sein Wohnmobil heute über die moderne Brücke.

DER ÄLTESTE WEINORT IN DEUTSCHLAND

Zu guter Letzt bleibt im Bereich dieser Moselschleife die Ortschaft Neumagen-Dhron, die als ältester Weinort Deutschlands bezeichnet wird. Dieses Attribut erhielt Neumagen-Dhron durch den Fund des sogenannten Neumagener Weinschiffs. Dabei handelt es sich um ein drei Meter langes Grabmal eines römischen Weinhändlers, das heute im Rheinischen Landesmuseum in Trier ausgestellt ist. Eine Nachbildung kann man aber an der Peterskapelle in Neumagen-Dhron sehen. Da das Weinschiff auf das Jahr 220 n. Chr. datiert werden konnte und es zahlreiche weitere Funde in der Stadt gab, hat sich Neumagen-Dhron die Bezeichnung des ältesten Weinorts Deutschlands verdient.
Im Norden wird die Gemeinde vom Dhron-Tal abgegrenzt, das wiederum idyllische Wanderung zwischen Wäldern und Weinbergen ermöglicht. Sanft plätschert die Dhron auf ihrem 36 Kilometer langen Weg von ihrer Quelle bis zur Mündung in die Mosel dahin. Auf ihrem Weg leiht sie dem Weiler Bischofsdhron ihren Namen, ebenso wie der Kleinen Dhron, die im Neumagener Ortsteil Papiermühle ihr wasserreichster Zufluss ist. Die Kleine Dhron schafft es ihrerseits auf 28 Kilometer und entspringt in der Nähe des höchsten Hunsrückgipfels, des Erbeskopfs. Sie durchfließt klangvolle Ortschaften wie Dhronecken und Dhrönchen, wo sie auch zur Dhrontalsperre gestaut wird.

AUF EINEN BLICK

Info

STADT/REGION: Thörnich/Klüsserath/Neumagen-Dhron
BESTE REISEZEIT: April–Oktober
OPTIMALE REISEDAUER: 2–3 Tage
TOURISTINFO:
Tourist-Information Klüsserath,
Kirchstraße 3, 54340 Klüsserath,
Tel. 06507/30 99, www.weinortkluesserath.de

SEHENSWÜRDIGKEITEN

THÖRNICHER RITSCH: Klettersteig und Wanderweg durch den Weinberg an der Moselbrücke Thörnich
KRIPPENMUSEUM KLÜSSERATH: Hauptstraße 83, 54340 Klüsserath, Tel. 06507/93 92 04, www.krippenmuseum.info
HINKELSTEIN TRITTENHEIM: In den Weinbergen gegenüber von Köwerich
URBANKAPELLE UND LAURENTIUSKAPELLE: In den Weinbergen gegenüber von Körvenich
FÄHRTÜRME TRITTENHEIM: An der Moselbrücke, 54349 Trittenheim
PFARRKIRCHE ST. CLEMENS: Moselstraße 3, 54349 Trittenheim
WEINSCHIFF STELLA NOVIOMAGI: Moselstraße, 54347 Neumagen-Dhron. Hölzerner Nachbau des Neumagener Weinschiffs, auf dem gelegentlich Moselrundfahrten angeboten werden. Allerdings nicht ganz historisch korrekt mit Dieselmotor-Antrieb

WOHNMOBILSTELLPLATZ AN DEN PAPPELN

ADRESSE: Dorfbach, 54340 Ensch
ANFAHRT: Auf der Bundesstraße 53 zwischen Klüsserath und Schweich bis Ensch. Am südlichen Ortsausgang die Bundesstraße verlassen und über die Nebenstraße zum Platz
GPS: N 49°49‘37“9, E 6°50‘07“7
Überschaubarer Stellplatz zwischen Bundesstraße und Mosel. Geräuschkulisse durch die Nähe zur Straße. Ver- und Entsorgungsstation vorhanden, jedoch auf der anderen Seite der Bundesstraße

Manche Kapelle erhebt sich hoch über dem angebauten Wein.

CAMPING THÖRNICH

ADRESSE: Hauptstraße 34, 54340 Thörnich, Tel. 06507/32 06

ANFAHRT: In Thörnich auf der Hauptstraße in Richtung Detzem fahren. Kurz nach Verlassen des Ortes erblickt man das Weingut auf der linken Seite.

GPS: N 49°49‘49“9, E 6°50‘25“8

Sehr ruhiges Weingut, das auf allen vier Seiten ausschließlich von Weinbergen umgeben ist. In der Weinhandlung kann man natürlich Wein erstehen. Die kleine Campinganlage bietet geräumigen Platz für ca. 25 Fahrzeuge sowie Dusche und WC.

WOHNMOBILSTELLPLATZ SCHLEICH

ADRESSE: Moselufer, 54340 Schleich

ANFAHRT: Im Ort die Bundesstraße verlassen und auf der Straße Im Musgarten zum Ufer hinab fahren und rechts halten

GPS: N 49°48‘48“0, E 6°50‘32“5

Kleiner, einfacher Stellplatz auf Rasengittersteinen für sechs Fahrzeuge in enger Umgebung und mit Blick auf die Staustufe. Keinerlei Ausstattung

AUF EINEN BLICK

WOHNMOBILSTELLPLATZ NEUMAGEN-DHRON

ADRESSE: Moselstraße 19, 54347 Neumagen-Dhron

ANFAHRT: Auf der Bundesstraße 53 bis Neumagen-Dhron und auf der Römerstraße durch den Ort fahren. Im Zentrum dann rechts zur Moselstraße bzw. zum Moselufer Richtung Marina

GPS: N 49°51'07"1, E 6°53'33"9

Gepflegter Stellplatz auf Schotterflächen mit Sanitärbereich, unmittelbar an der Mosel gelegen. Zu Fuß nur über die Straße und schon ist man im Ortszentrum.

CAMPINGPLATZ NEUMAGEN-DHRON

ADRESSE: Moselstraße22, 54347 Neumagen-Dhron, Tel. 06507/52 49, www.camping-neumagen.de

ANFAHRT: Auf der Bundesstraße 53 bis Neumagen-Dhron und auf der Römerstraße durch den Ort fahren. Im Zentrum dann rechts zur Moselstraße bzw. zum Moselufer Richtung Campingplatz

GPS: N 49°50'56"2, E 6°53'35"5

Der Campingplatz erstreckt sich ebenfalls am Moselufer, jedoch auf der südlichen Seite der Marina. Stadtnahe und dennoch ruhige Lage. Komplett ausgestattet, Duschen sind jedoch nur von 7 bis 21 Uhr verfügbar.

Das Moseltal kann man auch mit einem alten T3 mit Hubdach erleben.

Auch Güter werden auf der Mosel noch mit dem Schiff transportiert.

CAMPINGPLATZ TRITTENHEIM

ADRESSE: Moselpromenade, 54349 Trittenheim, Tel. 06507/21 48, www.camping-trittenheim.de

ANFAHRT: Auf der Bundesstraße 53 nach Trittenheim hinein und auf der Brückenstraße in Richtung Moselüberquerung fahren, jedoch noch vor der Brücke halbrechts hinab zum Campingplatz

GPS: N 49°49‘17“1, E 6°54‘12“4

Ruhig gelegener Campingplatz am Moselufer und direkt am Ortsrand von Trittenheim. Auf der anderen Seite grenzt er sogleich an die Weinberge der Umgebung. Mehrere Weingüter befinden sich in fußläufiger Entfernung.

WOHNMOBILSTELLPLATZ TRITTENHEIM

ADRESSE: Moselpromenade, 54349 Trittenheim

ANFAHRT: Auf der Bundesstraße 53 nach Trittenheim hinein und auf der Brückenstraße in Richtung Moselüberquerung fahren, jedoch noch vor der Brücke halbrechts. Unten an der Mosel links und die Brücke unterqueren

GPS: N 49°49‘27“7, E 6°54‘11“0

Zweireihiger Stellplatz am Moselufer mit rund 35 Plätzen, zum Teil auf Kopfsteinpflaster. Strom sowie Ver- und Entsorgungsmöglichkeiten sind gegeben, aber stellenweise steht man recht eng beieinander.

AUF EINEN BLICK

CAMPINGPLATZ MOSELHÖHE

ADRESSE: Bucherweg 1, 54426 Heidenburg, Tel. 06509/9 90 16, www.campingplatz-moselhoehe.de

ANFAHRT: Aus dem Moseltal heraus ab Thörnich über Leiwen auf der Landstraße in Richtung Dhron-Talsperre. Vor der Talsperre jedoch nach links und durch die Serpentinen im Wald bis Heidenburg. Durch den Ort und links in den Bucherweg. Wer von der Autobahn kommt, verlässt die A1 an der Ausfahrt 131/Mehring und fährt Richtung Thalfang. Vor dem Wald auf der linken Seite links nach Heidenburg und in der Linkskurve die Straße nach rechts verlassen

GPS: N 49°47‘58“0, E 6°55‘34“5

Einer der wenigen Campingplätze der Region, die sich nicht direkt an der Mosel befinden. Umgeben von Feldern und in Waldrandlage bietet er viel Ruhe und große Parzellen. Trotz der Höhe ist eine Aussicht auf die Mosel jedoch nicht gegeben.

CAMPINGPLATZ KLÜSSERATH

ADRESSE: Bundesstraße 53, in Höhe der Dammstraße, 54340 Klüsserath, Tel. 06507/46 67, ww.campingplatz-kluesserath.de

ANFAHRT: Direkt an der Bundesstraße in Klüsserath

GPS: N 49°50‘36“5, E 6°51‘28“5

Sehr große Rasenflächen mit ein wenig Baumbestand zwischen Moselufer und Bundesstraße. Daher auch eine gewisse Geräuschkulisse. Anlage mit eigenem Restaurant, Brötchenservice, Gasflaschentausch, Bootssteg für Ruderboote. Wohnmobile sind jedoch erst ab zwei Übernachtungen willkommen.

WOHNMOBILSTELLPLATZ KLÜSSERATH

ADRESSE: Mittelmoselstraße (B 53), 54340 Klüsserath

ANFAHRT: Direkt an der Bundesstraße in Klüsserath

GPS: N 49°50‘31“8, E 6°51‘16“6

Ebenfalls große Wiese mit etwas Abstand zur Bundesstraße, teilparzellierte Flächen mit genug Abstand zum Nachbarn. Besonders für große Wohnmobile ideal

▲ Stellplätze für VW-Busse, Kastenwagen und Wohnmobile… ◀ gibt es jede Menge. Manche direkt am Ufer,… ▶ andere mit Blick aufs Wasser.

WOHNMOBILSTELLPLATZ OFFM HERACH

ADRESSE: Beethovenstraße 40, 54340 Köwerich, Tel. 06507/37 87, www.wohnmobilstellplatz-mosel.de

ANFAHRT: Bei Thörnich westlich von Klüsserath die Bundesstraße verlassen und über die Brücke zum südlichen Moselufer. Dort der Landstraße in Richtung Köwerich folgen und gleich am Ortseingang rechts zum Weingut

GPS: N 49°50'31"8, E 6°51'47"0

Stellplatz zwischen den Weinbergen hinter dem Haus des Weinguts für ca. 20 Reisemobile. Brötchenservice, Waschmaschine und Sanitäranlagen vorhanden. In der dazugehörigen Straußwirtschaft kann eingekehrt und Wein erworben werden.

TOLLE BLICKE VON DEN WEINBERGEN

Rund um die Sonneninsel von Minheim

So blickt man vom Piesporter Goldtröpfchen auf die Ortschaft Niederemmel.

6

Eine steile Felswand dominiert in diesem Abschnitt der Mosel das malerische Tal, gleich daneben ein Naturtheater, zumindest wenn es nach einem römischen Dichter geht. So idyllisch präsentiert sich die Moselschleife bei Minheim, die auch als Sonneninsel bezeichnet wird und aus zahlreichen Weinbergen besteht.

Das Tal der malerischen Mittelmosel schlängelt sich auch zwischen Neumagen-Dhron und Bernkastel-Kues durch die Region. Die Ortschaft Piesport erstreckt sich dabei über beide Moselufer, wobei der deutlich kleinere Hauptort am linken Ufer liegt und schnell durchquert ist. Über eine Brücke gelangt man in den wesentlich größeren Ortsteil Niederemmel, von wo aus man morgens auf dem Stellplatz beim Frühstück in Richtung Osten dabei zusehen kann, wie die Sonne über der Loreley aufgeht. Gemeint ist dabei natürlich nicht die berühmte Loreley am Rhein, so weit reicht der Blick dann doch wieder nicht, sondern vielmehr die sogenannte **Moselloreley**. Hierbei handelt es sich jedoch nicht um eine Sagenfigur, die die Moselschiffe zum Kentern bringt. Die einzige Gemeinsamkeit mit der Loreley im Mittelrheintal ist die Tatsache, dass es sich um einen steil aufragenden Felsen handelt. Und beeindruckend ist die Moselloreley allemal. Fast senkrecht scheint die Felswand zu sein, wenn man in Niederemmel steht und über die Mosel blickt. Genauso sehenswert ist natürlich der Blick zurück, denn oben am Rande der Klippe gibt es mehrere Aussichtspunkte, so unter anderem an der aus Bruchstein errichteten Pestkapelle. Die Aussichtspunkte lassen sich zu Fuß oder mit dem Fahrrad am besten von Minheim aus erreichen.

◀ Der Georgshof liegt inmitten von Weinbergen… ▶ und bietet diesen Ausblick.

6

WEIN VOM PIESPORTER GOLDTRÖPFCHEN

In einer engen Schleife der Mosel schmiegt sich die kleine Ortschaft Minheim an die sanft ansteigende Bergkuppe. An den Hängen des Rosenbergs reiht sich hier in der gleichnamigen Weinlage Weinberg an Weinberg. Die Sonne lässt die Trauben hier schon seit fast 1 000 Jahren reifen, sodass die Einwohner auch von der Sonneninsel sprechen.

Ist man einmal oben auf der Kante der Moselloreley-Felswand, so blickt man natürlich auch auf zahlreiche Weinberge. Der wohl bekannteste rund um Piesport und Mindheim befindet sich von dort aus gesehen auf der rechten Seite oberhalb von Piesport und trägt den Namen Piesporter Goldtröpfchen. Die Weinlage ist mit der höchsten Klassifikationsstufe des Verbandes Deutscher Prädikationsweingüter (VDP) ausgezeichnet und wurde schon in den 1860er-Jahren unter diesem Namen erwähnt. Beschrieben wurde die Lage aber möglicherweise schon viel früher, und zwar vom römischen Dichter Ausonius, der im 4. Jahrhundert n. Chr. lebte. In seiner Reisebeschreibung Mosella erwähnt er einen Berghang und beschreibt ihn in der Form eines Amphitheaters, was zur heutigen Weinlage Piesporter Goldtröpfchen gut passen würde.

Aber natürlich gibt es auch weitere Weinberge und Weinlagen. Zum einen steht man auf der Moselloreley praktisch mittendrin. Zum anderen reicht der Blick flussabwärts über die sogenannte Sonneninsel bis zum nächsten Ort Wintrich, gut zu erkennen an einer weiteren Moselstaustufe.

Landwirtschaftliche Nutzwege dienen oft auch als Wanderwege.

▲ Die Brücke verbindet Piesport mit Niederemmel. ◀ Immer wieder begeistern die Aussichten auf die Moselorte. ▶ Das Schiff fährt an Wintrich vorbei.

6

WANDERMÖGLICHKEITEN BEI WINTRICH

Auch das Gebiet von Wintrich wurde bereits von den Kelten und Römern bewohnt. Der keltisch-römische Name Vindriacum bedeutet Winzerdorf, von dem sich Wintrich ableiten lässt.

Tipp

Berühmt ist der kleine Ort für seine Passionsspiele, die seit 1902 alle fünf Jahre über mehrere Wochen aufgeführt werden. Die Dorfkirche dient hierbei als Kulisse für die Veranstaltung, die mehrere Tausend Besucher anlockt. Die rund fünfstündigen Vorstellungen beginnen immer freitags und samstags um 18 Uhr, sonntags um 15 Uhr.

Südlich von Wintrich, auch wieder gut von der Moselloreley aus zu erblicken, das steht Großer Herrgott Kreuz. Das Kruzifix gilt als das Wahrzeichen von Wintrich und erhebt sich auf einem großen Felsen, der aus dem Hang herausragt. Durch die Weinberge lässt er sich von Wintrich aus gut zu Fuß erwandern. Wandern kann man ab Wintrich auch in nördliche Richtung. Dort ist man zwar auch zwischen tausenden von Weinreben unterwegs, aber deutlich flacher und teilweise direkt am Moselufer. Dabei kann man gut die Dichte an Wohnmobilstellplätzen im Moseltal erkennen. Bei einer abendlichen Wanderung beispielsweise, die man am Wohnmobilstellplatz in Wintrich beginnt und flussabwärts begeht, blickt man nach nur einein-

Auch auf dem Wohnmobilstellplatz in Minheim steht man direkt am Wasser.

Manche Stellplätze und Campingplätze liegen direkt an einer Marina.

halb Kilometern zum gegenüberliegenden Flussufer. Dort breitet sich die kleine Ortschaft Kesten mit ihrem Wohnmobilstellplatz aus. Gerade ein Kilometer mehr ist es, und man steht am Moselufer unterhalb des Wohnmobilstellplatzes in Brauneberg. Dabei passiert man unterwegs noch ganz nebenbei das Klostergebäude im Brauneberger Ortsteil Filzen. Mitte des 15. Jahrhunderts wurde das Kloster Filzen gegründet und diente bis zur Säkularisation im Jahr 1802 dem Orden der Franziskanerinnen. Die sogenannten Grauen Schwestern lebten aufgrund fehlender materieller Güter zunächst unter harten Bedingungen und verdienten sich ihren Unterhalt mit Web- und anderen Handarbeiten. Heute beherbergt das Kloster noch die Pfarrkirche St. Josef mit seinem frühromanischen Glockenturm. 33 Nonnen sind in dem Kirchengebäude beigesetzt.
Ein weiteres sehenswertes Sakralgebäude erhebt sich im Hauptort von Brauneberg. Das dortige Kirchengebäude ist von außen eher unscheinbar, auch wenn der Turm von einer barocken Zwiebelhaube gekrönt ist. Doch interessant wird es im Inneren des Gotteshaus, denn dieses ist zweigeteilt. Der ehemalige Chor gehört der evangelischen Kirche, während das Langhaus von der katholischen Kirche für die Messe genutzt wird. Daher wird das Bauwerk, das in den 1770er-Jahren errichtet wurde, auch als Simultankirche bezeichnet.

AUF EINEN BLICK

Info

STADT/REGION: Piesport/Minheim
BESTE REISEZEIT: April–Oktober
OPTIMALE REISEDAUER: 2–3 Tage
TOURISTINFO:
Tourist Information Piesport,
Heinrich-Schmitt-Platz 1, 54498 Piesport,
Tel. 06507/20 27, www.piesport.de

SEHENSWÜRDIGKEITEN

ST. MICHAEL-KIRCHE: Ausoniusufer 5, 54498 Piesport
GROSSER HERRGOTT-KREUZ: 54487 Wintrich
AUSSICHTSPUNKT MOSELLORELEY: N 49°52'33"0, E 6°56'04"3
KLOSTER FILZEN: Kirchstraße, 54472 Brauneberg
SIMULTANKIRCHE BRAUNEBERG: Moselweinstraße 160, 54472 Brauneberg
EICHHAUS: Klausener Straße, 54518 Minheim
MOSELLICHT FAHRRADVERLEIH: Unterm Iderstolk 6, 54518 Minheim, Tel. 06507/67 53

WOHNMOBILSTELLPLATZ BRAUNEBERG

ADRESSE: Moselweinstraße 61, 54472 Brauneberg
ANFAHRT: Auf dem Weg von Brauneberg nach Wintrich noch vor dem Ortsausgang nach rechts abbiegen
GPS: N 49°54'20"9, E 6°58'38"3
25 Wohnmobile haben hier in ruhiger Lage ausreichend Platz, um auf großzügigen Parzellen nebeneinander zu stehen. Die Parzellen sind mit Hecken voneinander abgetrennt und befinden sich oberhalb eines zur Mosel abfallenden Weinbergs. Ver- und Entsorgungsmöglichkeiten befinden sich an der Einfahrt.

WOHNMOBILSTELLPLATZ KESTEN

ADRESSE: K134 in Höhe der Urmetzgasse, 54518 Kesten, Tel. 0160/99 19 63 68, www.wohnmobilpark-kesten.de
ANFAHRT: Am Wohnmobilstellplatz in Minheim vorbeifahren und

◀ Auf dem Wohnmobilstellplatz in Kesten hat man viel Platz, ▲ während man in Brauneberg oberhalb der Mosel… ▼ unten nebeneinander nächtigt.

den Ort verlassen. Den folgenden kleinen Ort Kesten ebenfalls durchqueren und am Ortsausgang rechts auf den Stellplatz
GPS: N 49°54‘13“1, E 6°57‘42“2
Große Rasenfläche für ca. 100 Wohnmobile direkt am Moselufer. Ver- und Entsorgung ist gegeben. In den Morgenstunden fährt ein Bäcker über den Platz.

CAMPINGPLATZ GEORGSHOF

ADRESSE: Kurfürstenstraße 25, 54487 Wintrich, Tel. 06534/9 32 66, www.camping-georgshof.de
ANFAHRT: Auf der Bundesstraße 53 Wintrich in Richtung Brauneberg verlassen und vor dem ersten Weinberg auf der linken Seite in die Straße Weierbach hineinfahren
GPS: N 49°53‘30“1, E 6°57‘20“2
Ruhiger Campingplatz mit großen Parzellen an einem Weingut, der als Familienbetrieb geführt wird. Eine Weinprobe des Rieslings ist jederzeit möglich. Der Platz befindet sich inmitten von Weinbergen und rund 300 Meter von der Mosel entfernt.

AUF EINEN BLICK

WOHNMOBILSTELLPLATZ WINTRICH

ADRESSE: Moselstraße 24, 54487 Wintrich, Tel. 06534/86 28, www.moselstellplatz-wintrich.de

ANFAHRT: Auf der Bundesstraße 53 in den Ort und durch die Moselweinstraße bis zur Moselstraße und auf der Brücke die Bundesstraße überqueren. Gleich dahinter erscheint die Zufahrt zwischen den Bäumen.

GPS: N 49°53‘01“5, E 6°56‘53“6

Beschrankter, großer Stellplatz mit großzügigen Rasenflächen, zum Teil unter Bäumen. Nur wenige Schritte bis zum Moselufer und guter Ausgangspunkt für eine Wanderung durch die Weinberge entlang der Mosel. Ver- und Entsorgung sowie Sanitäranlagen vorhanden

WOHNMOBILSTELLPLATZ MINHEIM

ADRESSE: Am Moselufer, 54518 Minheim

ANFAHRT: Bei Niederemmel die Bundesstraße 53 verlassen und über die Brücke nach Minheim. Auf der Uferstraße bis zum Ortsausgang, wo sich der Platz auf der rechten Seite befindet.

GPS: N 49°51‘57“4, E 6°56‘31“3

Großzügig dimensionierte Parzellen in bis zu vier Reihen am Moselufer. Die erste Reihe ist nur durch den Moselradweg vom Wasser getrennt. Platz für ca. 80 Reisemobile inkl. Ver- und Entsorgung. Mit einem kurzen Weg über die Straße gelangt man zu einer großen Auswahl an Weingütern.

WOHNMOBILSTELLPLATZ PIESPORT

ADRESSE: Moselstraße 17, 54498 Piesport

ANFAHRT: Im Ortsteil Niederemmel zur Mosel hinab fahren und an der Kapelle rechts auf die Moselstraße abbiegen. Nach 300 Metern ist der Platz erreicht.

GPS: N 49°52‘22“, E 6°55‘39“4

von Weinbergen flankierter Stellplatz der sich direkt am Moselufer befindet. Abends kommt jemand zum Kassieren, morgens fährt der Brötchenwagen über den Platz. Ver- und Entsorgungsstation vorhanden

◀ Stellplatz Wintrich mit viel Schatten ▶ Stellplatz in Kesten am Ufer

WOHNMOBILSTELLPLATZ AM WEINGUT SCHÄFER-DIENHART

ADRESSE: Loreleyblick 20, 54498 Piesport, Tel. 06507/51 82, www.schaefer-dinhart.de

ANFAHRT: Im Ortsteil Niederemmel von der Bundesstraße 53 in die Steingasse einbiegen und an der ersten Möglichkeit in der Straße Loreleyblick bis zum Weingut

GPS: N 49°52‘24“4, E 6°55‘31“1

Für sechs Reisemobile bietet das Weingut Stellflächen an, die komplett von Weinbergen umgeben sind. Da man leicht erhöht steht, genießt man einen schönen Ausblick auf das Moseltal. Im familiär geführten Weingut kann man im Holzfasskeller den Wein des Hauses probieren und erwerben. Angeboten werden auch Traktorfahrten und Weinbergwanderungen.

WOHNMOBILSTELLPLATZ AM WEINHAUS ST. JOSEPH

ADRESSE: In der Dur 11, 54498 Piesport, Tel. 06507/51 61, www.weingut-spang.de

ANFAHRT: Im Ortsteil Niederemmel auf die St. Martinstraße abbiegen, um in Richtung Moselufer zu fahren. Das Weingut mit der Zufahrt erscheint auf der linken Seite.

GPS: N 49°52‘57“2, E 6°55‘41“0

Ein kleines Weingut mitten im Ort mit wenigen Plätzen hinter dem Haus. Toilettennutzung möglich, Dusche vorhanden und auf Wunsch wird ein Frühstück zubereitet. Reservierungen sind ebenfalls möglich.

ALTSTADT MIT IMPOSANTER BURGRUINE

Stadtrundgang durch Bernkastel-Kues

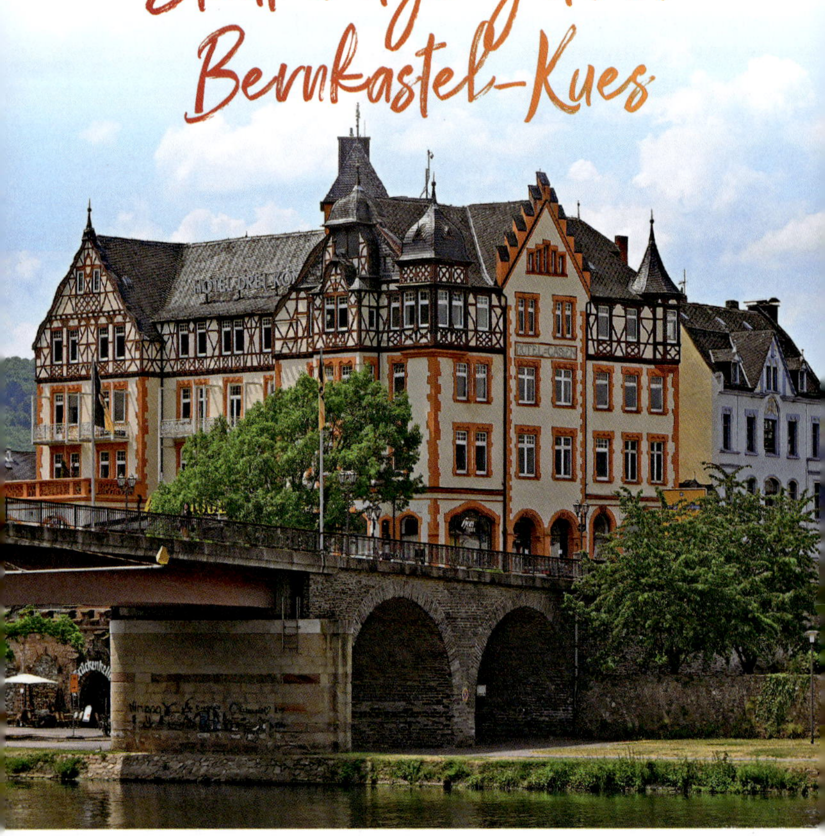

Der sogenannte Brückenkeller ist auch eine beliebte Weinstube.

7

Es gibt Ortschaften im Tal der Mosel, die im ganzen Land bekannt sind. Zu ihnen gehört zweifellos Bernkastel-Kues, ein beliebtes Ausflugsziel nicht nur für ein Wochenende. Die Fachwerkaltstadt muss man einfach mal erlebt haben.

Ganz gleich, von welchem Stellplatz oder Campingplatz man sich zu Fuß oder mit dem Fahrrad dem malerischen Städtchen Bernkastel-Kues nähert – die wichtigste Anlaufstelle ist die Moselbrücke, die die beiden Ortsteile miteinander verbindet. Bernkastel-Kues ist nämlich eine Doppelgemeinde. Das zwar deutlich größere Kues liegt innerhalb einer Moselschleife, während sich das historische Bernkastel am rechten Moselufer erstreckt. Beide Ortsteile haben natürlich ihren Reiz, doch der touristische Schwerpunkt liegt auf der rechten Moselseite, in Bernkastel.

KLEIN, ABER FEIN – DER MARKTPLATZ

Überquert man hier die Brücke und spaziert gleich geradeaus weiter in die engen Gassen der Altstadt, so steht man bereits nach wenigen Metern auf dem idyllischen Marktplatz, der mit seinen mittelalterlichen Fachwerkhäusern eine wahre Augenweide ist und ganz sicher von jedem Besucher fotografisch festgehalten wird. Dabei ist der Markt gar nicht mal groß. Er misst gerade einmal knapp 20 x 25 Meter, und ein Teil der Fläche wird sogar noch vom Michaelsbrunnen in Anspruch genommen, der den Platz bereits seit dem frühen 17. Jahrhundert markiert. Das lässt den engen Platz nicht nur gemütlich, sondern auch dunkel wirken. Denn die aufragenden Häuser werfen, je nach Tageszeit natürlich, deutliche Schatten, egal, von wo aus die Sonne versucht, den Markt zu erhellen.
Zu den Häusern gehört in der südöstlichen Ecke das reich verzierte Rathausgebäude. Es wurde zeitgleich mit dem Michaelsbrunnen errichtet und präsentiert sich durch die Werke des Trierer Bildhauers Hoffmann im Stil der Renaissance. Ein klein wenig älter und genauso sehenswert ist das sogenannte Heinz'sche Haus, benannt nach dem Kaufmann, der zu Beginn des 20. Jahrhunderts einen Laden im Untergeschoss betrieb. Das Gebäude in der nordöstlichen Ecke des Marktplatzes wirkt beinahe wie ein Anbau und besteht aus drei Geschossen, die leicht überragen. Doch das wohl beliebteste Fotomotiv in der Altstadt von Bernkastel-Kues befindet

sich abseits des Marktplatzes und ist nur wenige Meter vom Rathaus entfernt. Die Rede ist vom **Spitzhäuschen**, das sich ebenfalls im Fachwerkstil präsentiert. Das Besondere an dem Haus ist jedoch der Überhang über dem Erdgeschoss, gleich an drei Seiten des schmalen Bauwerks. Ganz nebenbei verzückte es in seiner Geschichte mehr Betrachter als das Rathaus oder andere Gebäude am Marktplatz, denn das Spitzhäuschen wurde bereits im Jahr 1416 errichtet und ist damit rund 200 Jahre älter als das Rathaus.

ALTSTADTRUNDGANG ZUM GRAACHER TOR

Durch die Graacher Straße gelangt man zu einem weiteren Höhepunkt in der Altstadt. Das barocke **Graacher Tor** am Ende der Gasse ist das letzte von einstmals acht Stadttoren und beherbergt heute am nördlichen Stadtausgang das Heimatmuseum des Ortes. Natürlich hat auch in Bernkastel-Kues der Weinbau eine große Tradition, und noch heute werden zahlreiche Weinberge in den berühmten Steillagen bewirtschaftet. Konrad Adenauer hat dabei den zu den besten Weißweinen zählenden Moselwein der Einzellage Bernkasteler Doctor berühmt gemacht.

FÜNF TAGE LANG wird das Weinfest der Mittelmosel gefeiert, das fast eine Viertelmillion Besucher anzieht und als größtes Weinfest der Region gilt. Es findet immer Anfang September statt und führt dazu, dass ein Teil der Straße im Moseltal gesperrt wird. Dann werden zahlreiche Stände aufgestellt, an denen man sich gütlich tun kann, oder man genießt einfach den Anblick des Winzerfestzugs sowie das Feuerwerk oberhalb der Burg Landshut.

AUFSTIEG ZUR BURG LANDSHUT

Um die Burg Landshut zu erreichen, begibt man sich am besten wieder zurück zum Rathaus am Marktplatz und wandert dort links am Spitzhäuschen vorbei, ebenfalls bergauf. Kaum hat man die letzten Häuser von Bernkastel hinter sich gelassen, wandert man zwischen den Trockenmauern der Weinbergterrassen, auf denen zahlreiche Weißweintrauben gedeihen. Es dauert nicht lange, bis man an einer Sitzbank den Schlossweg verlässt und im Schatten eines Laubwaldes über mehrere Serpentinen

▲ Die Altstadt von Bernkastel-Kues ist einfach nur bezaubernd mit ihrer Fachwerkarchitektur, ◀ den zahlreichen Weinstuben ▶ und den kleinen Gassen.

an den Stationen eines Kreuzwegs vorbei bis zur Annakapelle wandert. Das kleine Gotteshaus überrascht mit einer großen Wandmalerei der trauernden Maria. Sitzbänke laden dazu ein, das romantische Bild mit der Aussicht auf das Moseltal abzurunden. Zur Rechten erkennt man das malerische Bernkastel, welches sich, von der darüber liegenden Burg Landshut bewacht, in einer Moselkurve an einen Hang schmiegt, während links unterhalb davon im Hafen die Schiffe vor Anker liegen. Dann geht man um die von kleinen Haselnussbäumen umstandene Kapelle herum und begibt sich auf den Hunsrückhöhenweg in Richtung Bismarcksruh wieder in den Wald hinein.

Von der Josefskapelle blickt man über Bernkastel-Kues bis zur Burg Landshut.

Stolz blickte einst die **Burg Landshut** von ihrer Kuppe hinab auf die Ortschaft Bernkastel. Im 13. Jahrhundert wurde sie unter dem Trierer Erzbischof Heinrich von Fistingen erbaut, der auch für die Alte Burg in Koblenz verantwortlich zeichnet. Schon von Weitem war der Bergfried der Burg Landshut sichtbar und zog den Blick auf sich, wenn man im Moseltal unterwegs war. Am 8. Januar 1692 zerstörte jedoch ein Feuer die Burganlage und hinterließ die heutige Ruine.
1839 kam der damalige Kronprinz und spätere König Friedrich IV. von Preußen zu Besuch an die Mosel, und der Magistrat von Bernkastel nutzte die Gelegenheit, um dem Kronprinzen die Burgruine zu schenken - nicht ohne Hintergedanken, denn Friedrich ließ bereits die baden-württembergische Burg Hohenzollern und Stolzenfels bei Koblenz restaurieren. Doch der Plan ging nicht auf - der Kronprinz lehnte das Geschenk ab.

BESUCH IM ORTSTEIL KUES

Nach dem Abstieg von der Burgruine ins Tal, lohnt sich auch ein Spaziergang über die Moselbrücke in den Ortsteil **Kues**. Dort besticht gleich neben dem Brückenkopf vor allen Dingen das St. Nikolaus-Hospital mit seinen historischen Mauern. Die Anlage, die mit einem Kreuzgang und einer Kapelle an ein Kloster erinnert, beherbergt ein Weingut sowie eine umfangreiche Bibliothek mit literarischen Werken aus dem 18. Jahrhundert und noch ältere Werkzeuge, die der Astronomie dienten. Benannt ist das Hospital nach Nikolaus von Kues, der zu Beginn des 15. Jahrhunderts in Kues das Licht der Welt erblickte und im Laufe seines Lebens Fürstbischof von Brixen in Südtirol wurde.

AUF EINEN BLICK

Info

STADT/REGION: Bernkastel-Kues
BESTE REISEZEIT: April–Oktober
OPTIMALE REISEDAUER: 2–3 Tage
TOURISTINFO:
Tourist-Information Bernkastel-Kues, Gestade 6, 54470 Bernkastel-Kues, Tel. 06531/50 01 90, www.bernkastel.de

SEHENSWÜRDIGKEITEN

MOSELRUNDFAHRTEN: Schiffsanleger an der Moselbrücke, 54470 Bernkastel-Kues, Tel. 06541/90 19, www.moselrundfahrten.de. Einstündige Rundfahrten ab Bernkastel-Kues, die mindestens vier Mal täglich angeboten werden und die zu den Wendepunkten bei Graach und Andel fahren.
BURGRUINE LANDSHUT: 54470 Bernkastel-Kues
MOSEL-WEINMUSEUM: Cusanusstraße 2, 54470 Bernkastel-Kues, Tel. 06531/41 41
PUPPEN- UND UHRENMUSEUM: Schanzstraße 25, 54470 Bernkastel-Kues, Tel. 06531/97 12 44, www.puppenmuseum-bernkastel.de
HEIMATMUSEUM GRAACHER TOR: Graacher Straße, 54470 Bernkastel-Kues, Tel. 06531/72 60, www.graacher-tor.de
HISTORISCHE BONBONMACHEREI: Burgstraße 8, 54470 Bernkastel-Kues, Tel. 06531/97 31 41, www.bonbon-willi.de

◀ Entweder flaniert man durch den Ort ▶ oder hinauf zur Burg.

AUF EINEN BLICK

FAHRRADVERLEIH BERNKASTEL: Cusanusstraße 15, 54470 Bernkastel-Kues, Tel. 06531/9 17 31 14, www.fahrradverleih-bernkastel.de
NAUTIQUE CHARTER BOOTSVERMIETUNG: Brüningstraße 1, 54470 Bernkastel-Kues, Tel. 0171/4 50 09 14, www.nautiqecharter.de

CAMPINGPLATZ SCHENK

ADRESSE: Hauptstraße 165, 54470 Bernkastel-Kues, Tel. 06531/81 76, www.camping-schenk.de
ANFAHRT: Auf der Bundesstraße 53 bis zur Brücke zwischen Zeltingen-Rachtig und Bernkastel-Kues. Über die Brücke nach Wehlen hinein und der Hauptstraße durch den Ort bis zum Platz auf der linken Seite folgen
GPS: N 49°56'14"9, E 7°02'55"5
In leichter Hanglage und daher terrassenförmig angelegte Parzellen mit Blick auf die gegenüberliegenden steilen Weinberge. Ansonsten klassischer Campingplatz mit Standard-Ausstattung

WOHNMOBILSTELLPLATZ STUDERT-PRÜM

ADRESSE: Hauptstraße 163 a, 54470 Bernkastel-Kues, Tel. 06531/24 87, www.studert-pruem.de
ANFAHRT: Auf der Bundesstraße 53 bis zur Brücke zwischen Zeltingen-Rachtig und Bernkastel-Kues. Über die Brücke nach Wehlen hinein und der Hauptstraße durch den Ort bis zum Platz auf der linken Seite folgen
GPS: N 49°56'15"8, E 7°02'54"2
Der Stellplatz gehört zum gleichnamigen Weingut und befindet sich gleich neben dem Campingplatz Schenk. Daher ebenfalls Hanglage und terrassenförmig angelegt. Ver- und Entsorgung vorhanden

WOHNMOBILPARK GRAACH

ADRESSE: Gestade 16, 54470 Graach an der Mosel, Tel. 01577/5 26 96 80, www.sunpark-mosel.de

◀ Nach einer Schifffahrt ▶ genießt man den Abend auf dem Stellplatz.

ANFAHRT: Einfach auf der Bundesstraße 53 von Zeltingen-Rachtig nach Bernkastel-Kues fahren. Der Platz befindet sich in Graach auf der linken Seite und kann nicht verfehlt werden.
GPS: N 49°55‘57“4, E 7°03‘47“7
Großer Stellplatz mit mehreren Reihen zwischen Moselufer und Bundesstraße. Sanitär sowie Waschmaschine und Trockner vorhanden. Der Platz bietet auch eine sogenannte Club-Mitgliedschaft an, mit der die Platzgebühr geringer ausfällt. Entlang der Straße kann man in rund zwei Kilometern Entfernung sehr einfach die Stadt Bernkastel-Kues erreichen.

KNAUS CAMPINGPARK BERNKASTEL-KUES

ADRESSE: Am Hafen 2, 54470 Bernkastel-Kues, Tel. 06531/82 00, www.knauscamp.de
ANFAHRT: In Bernkastel-Kues die Bundesstraße verlassen und über die Brücke zum anderen Moselufer. Dort gleich am Kreisverkehr links und der Straße bis zum Hafen folgen. Hinter dem Hafen erneut nach links und direkt zur Rezeption
GPS: N 49°54‘31“8, E 7°03‘21“2
Großer Campingplatz der Knaus-Kette, der sich auf einer Halbinsel zwischen Mosel und Hafen bis zur Spitze der Halbinsel erstreckt. Großzügige Parzellen in ruhiger Lage, teilweise mit Blick auf die Burgruine Landshut. Durch die Lage muss erst der Hafen umrundet werden, um zur Altstadt zu gelangen. Dadurch ist man etwas mehr als zwei Kilometer unterwegs, die man in einer guten halben Stunde zurücklegen kann.

WANDERN, WO ANDERE WEIN ANBAUEN

In den Weinlagen rund um Zeltingen-Rachtig

Idyllisch präsentiert sich auch Ürzig mit der Maternus-Pfarrkirche.

8

Das Erdener Treppchen und die Zeltinger Sonnenuhr sind zwei Sehenswürdigkeiten, die man behutsam und mit Wandererfahrung erkunden sollte. Belohnt wird man dafür dann mit spektakulären Ausblicken, die in jüngerer Vergangenheit mit einer architektonischen Hochleistung versehen wurde.

Die Moselschleife zwischen Zeltingen-Rachtig und Kinheim fällt ganz besonders auf, allerdings nicht durch ihre natürlichen Eigenschaften, sondern durch ein von Menschenhand geschaffenes Objekt. Dort wurde nämlich nach acht Jahren Bauzeit die Hochmoselbrücke im November 2019 offiziell eröffnet. Schon in den 1960er-Jahren wurde mit den Planungen begonnen, eine Brücke über das Moseltal zwischen Zeltingen und Ürzig zu bauen. Sie sollte jedoch mehr als eine Brücke werden, die lediglich die beiden Moselufer miteinander verbinden würde, denn mit einer Länge von 1.700 Metern überspannt sie nun das gesamte Tal. Damit wurde sie Teil des sogenannten Hochmoselübergangs, welcher die Autobahnen 1 und 60 mit der Autobahn 61 verbindet. Hierfür wurde die Bundesstraße 50 auf einer Länge von rund 25 Kilometer neu gebaut und über das umstrittene Brückenbauwerk geführt. Sie gilt nach der Kochertalbrücke als die zweithöchste Brücke Deutschlands und hat das Landschaftsbild bei Ürzig entscheidend verändert. Kein Wunder also, dass viele Anwohner und Winzer dem Bauwerk ablehnend gegenüberstehen.

◀ Stellplatz in Zeltingen-Rachtig ▶ Die neue Brücke dominiert das Tal.

8

SPANNUNG IM ERDENER TREPPCHEN

Nichtsdestotrotz ist die Brücke eine architektonische Sehenswürdigkeit und zieht alle Blicke auf sich. Und die Attraktionen im Umfeld sowie die angrenzenden Orte sind außerdem einen Besuch wert. Südlich der Brücke befindet sich Zeltingen-Rachtig und das Kloster Machern, während nördlich des Bauwerks, also flussabwärts, das **Erdener Treppchen** zu einer spannenden Wanderung animiert. Der Klettersteig Erdener Treppchen wurde im Jahr 2008 eröffnet und befindet sich gegenüber dem kleinen Ort Erden. Drei farbige Punkte in Rot, Gelb und Grün kennzeichnen drei Schwierigkeitsstufen der Route. Der gelbe und der grüne Punkt stehen für eine kürzere Variante, falls man sich unterwegs spontan gegen eine Besteigung bis zum Gipfel entscheidet. Diesen erreicht man, wenn man dem roten Punkt bis zum Ziel folgt. Da die Farbe Rot für Gefahr steht, sagt diese Wegmarkierung schon einiges über die Beschaffenheit des Klettersteigs aus. Auf einem schmalen Pfad wandert man auf losem Schiefergestein steil aufwärts. Man wundert sich zuweilen, wie die Winzer an den Rebstöcken in diesem steilen Felshang arbeiten können. Doch mehrfach quert man die Schienen einer Monorackbahn (eine Einschienen-Zahnradbahn), mit der man deutlich leichter in die Weinberge gelangt. Für Wanderer heißt es aber auch gut festhalten, wenn die Sprossen einer metallenen Leiter erklommen werden müssen. Steigleitern, Picknickplätze und tolle Aussichten wechseln sich bei der Wanderung durch den

◀ Das Erdener Treppchen mit Ampelsystem ▶ und einigen metallenen Leitern.

Nach der Wanderung wartet eine wunderbare Aussicht mit Picknickplatz.

Klettersteig ab. Dabei schiebt sich der kleine Ort Ürzig an einer Schleife der Mosel langsam ins Sichtfeld. Ein am Felsen montiertes Seil dient gelegentlich als Geländer und hilft, in der Wand Schritt für Schritt höher zu gelangen. Trittsicherheit, Schwindelfreiheit und Wandererfahrung sind also für diese Tour unabdingbar.

Doch wer bis zum Ausstieg am gelben Punkt gewandert ist, der wird den gar nicht mehr so anstrengenden Rest bis zum Gipfel auch noch schaffen wollen. Es folgen noch einige Höhenmeter über steinige Stufen und eine Metalltreppe, doch an einer überdachten Sitzbank biegt man rechts ab und hat damit die Kletterpartie beendet. Wenige Meter steigt man noch durch den Wald hoch, bevor man an der hölzernen Schutzhütte auf dem Gipfel eine ausgiebige Pause mit einem wunderbaren Ausblick auf das Tal der Mittelmosel genießt.

AUCH ERDEN ZEIGT SICH ALS SCHÖNER WEINORT

Der Abstieg ist weit weniger anstrengend, dennoch sollte man ihn auf dem schmalen und teilweise rutschigen Weg nicht minder vorsichtig angehen. Die Wegweiser leiten in Serpentinen ins Tal hinunter, und Hinweisschilder informieren an einem idyllischen Picknickplatz über die Geschichte von Erden und seiner Umgebung. Als das älteste Dorf der Welt bezeichnet sich **Erden**, denn wie steht es schon im Ersten Buch Mose geschrieben: Am Anfang schuf Gott Himmel und Erde(n). Nach dieser knappen Gründungsgeschichte widmet sich die Bibel anderen Orten zu und Erden wird erst 500 Jahre vor unserer Zeitrechnung wieder erwähnt. Zwar nicht im berühmtesten Buch der Welt, sondern bei den Kelten, die sich mittlerweile an der Mosel angesiedelt hatten. Arduena nannten sie einen steilen, hohen Berg und spätestens nach der Besteigung des Erdener Treppchens weiß man auch, welchen Berghang sie meinten. Nach den Kelten kamen die Römer und brachten die Weinrebe mit, welche sich im Erdener Treppchen schon damals hervorragend anbauen ließ. In der zweiten Hälfte des 8. Jahrhunderts wurde dann in einer Urkunde der Abtei Echternach zum ersten Mal der Ortsname Ardinigo festgehalten. Heute besticht der kleine Ort gegenüber dem steilen Hang durch denkmalgeschützte Fachwerkhäuser und ist geprägt von seinem Campingplatz, der idyllisch am Moselufer liegt und einen schönen Blick auf den steilen Hang des Erdener Treppchens bietet.

DURCH DIE WEINBERGE ZUR SONNENUHR

Geschichtsträchtig, aber dafür weniger anstrengend, ist auch die Wanderung auf dem **Themenweg von Kurköln zu den Deutschherren**. Ein kleiner Springbrunnen und gemütliche Picknickplätze unter einer mächtigen Schwarzerle zwischen der Zeltinger Touristeninformation und dem Ufer der Mosel sind der Ausgangspunkt für diese Tour. Von Kurköln zu den Deutschherren, so lautet das Motto des sieben Kilometer langen Wanderwegs rund um die Doppelgemeinde **Zeltingen-Rachtig**. Auf mehreren Informationstafeln wird dabei die Geschichte des Ortes und der Alltag der Dorfbewohner während der Zeit des Kurfürstentums Köln erläutert. Kurköln war der weltliche Herrschaftsbereich der Kölner Erzbischöfe und eines der sieben Kurfürstentümer des Heiligen Römischen Reiches Deutscher Nation.

ALLE ZWEI JAHRE, immer in ungeraden Jahren, wird in Zeltingen-Rachtig die Mosel-Operette aufgeführt. An sechs Terminen im Juli stehen Laiendarsteller ehrenamtlich auf der Bühne, die im normalen Leben einer »normalen« Tätigkeit nachgehen. Die Fachwerkhäuser der Ortschaft werden zur malerischen Kulisse und bis zu 2 000 Zuschauer werden bestens unterhalten, wenn Zeltingen-Rachtiger Bürger des 18. Jahrhunderts den Kölner Kurfürsten austricksen.

▲ Es gibt zahlreiche Angebote, die Mosel mit dem Schiff zu befahren.
◀ Strahlend gelbe Kirche in Zeltingen-Rachtig ▶ Wahrzeichen ist die Sonnenuhr.

Während der Wanderung lernt man auch eine der Sehenswürdigkeiten in Zeltingen-Rachtig kennen – die **Zeltinger Sonnenuhr**. »Horas non numero nisi serenas«, so steht es oft auf den Zifferblättern von Sonnenuhren. Übersetzt heißt es »Ich zähle die Stunden nicht, wenn sie nicht heiter sind«. Auch die Zeltinger Sonnenuhr zählt nur die heiteren Stunden – und das schon seit 1620. Ein Abt des Klosters Himmerod ließ die Sonnenuhr erbauen und machte sie damit zum Wahrzeichen der kleinen Ortschaft. Ein halbes Dutzend weiterer Sonnenuhren befinden sich zwar in den Weinbergen der Mosel – nur wenige Kilometer entfernt im Nachbarort Ürzig sogar der älteste dieser Zeitmesser –, doch die Zeltinger Sonnenuhr ist die größte unter ihnen. Und auch ohne jemals in Zeltingen gewesen zu sein, kann man die Zeltinger Sonnenuhr kennen, denn sie bezeichnet ebenfalls eine 21 Hektar große Weinlage, die durch ihren Rieslingwein überregional bekannt ist.

◀ Fachwerk findet man allerorten. ▶ Und jeder Moselort zeigt sich sakral.

ABSCHLUSS EINES SPANNENDEN WOCHENENDES IM BRAUHAUS

Noch weniger anstrengend als das Erdener Treppchen oder die Wanderung in den Weinbergen an der Zeltinger Sonnenuhr ist die Einkehr im Brauhaus von Kloster Machern oder die Besichtigung der Anlage. Kloster Machern ist leicht zu finden, befindet es sich doch dem Wohnmobilstellplatz von Zeltingen-Rachtig gleich gegenüber auf der anderen Flussseite. Bereits im 11. Jahrhundert soll es eine klösterliche Lebensgemeinschaft am Standort des heutigen Klostergebäudes gegeben haben. Doch erst seit 1238 ist das Kloster Machern als Nonnenkloster der Zisterzienserinnen belegt. Das klösterliche Leben befasste sich umfangreich mit dem Weinanbau, weshalb es Ende des 14. Jahrhunderts durch den Bischof von Trier die Genehmigung zum Weinausschank erhielt. Doch die Blütezeit endete mit dem Dreißigjährigen Krieg, als Gebäudeteile stark beschädigt wurden und ein Neubau vonnöten wurde. Dieser wurde zwar im 1 8. Jahrhundert fertiggestellt, doch bald war das Kloster nur noch von sechs Nonnen bewohnt und verfiel schließlich nach der Säkularisation.

Im Jahr 1969 wurde das Klosterareal von einem lokalen Winzer zu neuem Leben erweckt. 20 Jahre dauerte die Restaurierung, und heute gibt es nicht nur eine Klosterbrauerei, einen Klosterladen, ein Spielzeug- und ein Ikonenmuseum, sondern darüber hinaus zahlreiche Veranstaltungen und Ausstellungen.

AUF EINEN BLICK

Info

STADT/REGION: Zeltingen-Rachtig
BESTE REISEZEIT: April–Oktober
OPTIMALE REISEDAUER: 2–3 Tage
TOURISTINFO:
Tourist Information, Uferallee 10,
54492 Zeltingen-Rachtig, Tel. 06532/24 04,
www.zeltingen-rachtig.de

SEHENSWÜRDIGKEITEN

ZELTINGER SONNENUHR: Uferallee 3, 54492 Zeltingen-Rachtig
SORTENGARTEN ZELTINGEN: St. Stephanstraße 32,
54492 Zeltingen-Rachtig
PFARRKIRCHE ST. STEPHANUS: St. Stephanstraße,
54492 Zeltingen-Rachtig
MINIGOLF: Uferallee 47, 54492'Zeltingen-Rachtig. Gleich neben dem Wohnmobilstellplatz
MUSEUM IM KLOSTER MACHERN: Bundesstraße 53,
Zeltinger Brücke, 54470 Bernkastel-Kues, Tel. 06532/95 16 40,
www.klostermachern.de
KLETTERSTEIG ERDENER TREPPCHEN: 54492 Erden

◀ Wanderweg durch den Weinberg ▶ Wohnmobilstellplatz in Lösnich

AUF EINEN BLICK

CAMPINGPLATZ PARADIES CAMP

ADRESSE: Paradieser Hof, 54536 Kröv, Tel. 06541/8 61 08 83, www.paradies-camp.de

ANFAHRT: Auf der Bundesstraße 53 durch Kröv in Richtung Kinheim. Am Ortsausgang noch vor dem Freibad nach rechts

GPS: N 49°58'18"3, E 7°04'53"9

Überschaubarer Campingplatz am Ortsrand und zum Teil direkt neben einem Weinberg. In unmittelbarer Nachbarschaft lädt ein Freibad zur Sommerabkühlung ein. Von der Mosel ist man durch die Bundesstraße getrennt. Eine kleine Gaststätte befindet sich auf dem Platz. Alternativ hierzu befinden sich gleich mehrere Weingüter und Weinhandlungen in den nahegelegenen Straßen des Ortes.

WOHNMOBILSTELLPLATZ KINHEIM

ADRESSE: Moselweinstraße, 54539 Kinheim

ANFAHRT: Auf der Bundesstraße 53 bis Kinheim und an der Brücke ans Ufer zum Stellplatz abbiegen

GPS: N 49°58'19"1, E 7°03'25"4

Breiter Stellplatz direkt am Moselufer. Die Stellflächen bestehen aus Rasenflächen und sind in drei Reihen angelegt. Durch die Brücke und die Bundesstraße zuweilen auch etwas lauter. Für den Stromanschluss benötigt man je nach Standortwahl ein sehr langes Kabel. Ver- und Entsorgung vor dem Platz

WOHNMOBILSTELLPLAT LÖSNICH

ADRESSE: Gestade, 54492 Lösnich

ANFAHRT: Auf der Bundesstraße 53 bis Kinheim und über eine der beiden Brücken an das gegenüberliegende Ufer. Dort im Ort an die Uferstraße zwischen den beiden Brücken

GPS: N 49°58'31"8, E 7°02'34"0

Auch hier ist ein langes Kabel vonnöten. Der Stellplatz bietet Fläche für über 100 Wohnmobile auf Rasen. Ruhige Lage, morgens fährt der Bäckerwagen über den Platz. Idealer Ausgangspunkt für eine Wanderung durch das Erdener Treppchen.

◀ Große Auswahl auf dem Stellplatz Kinheim oder ▶ in Zeltingen Rachtig.

CAMPING ERDEN

ADRESSE: Am Moselufer 1, 54492 Erden, Tel. 06532/40 60, www.camping-erden.de

ANFAHRT: Die Bundesstraße 53 zwischen Kinheim und Ürzig verlassen und auf der Brücke zum Kreisverkehr. An der ersten Ausfahrt rechts und bis zum Campingplatz auf der rechten Seite.

GPS: N 49°58‘47“5, E 7°01‘13“3

Gepflegter Campingplatz für Dauercamper und Durchreisende. Schöner Blick auf das Erdener Treppchen, das sich gleich gegenüber am anderen Moselufer steil erhebt.

WOHNMOBILSTELLPLATZ ÜRZIG

ADRESSE: Bundesstraße 53, 54539 Ürzig

ANFAHRT: Einfach auf der B53 bis Ürzig. Platz liegt zwischen Ort und Mosel.

GPS: N 49°58‘43“0, E 7°00‘27“2

Langgestreckter Stellplatz zwischen dem kleinen Ort und dem Fluss. Direkt am Ufer gelegen, bietet der Platz Aussicht auf die markante Hochmoselbrücke. Strom sowie Ver- und Entsorgung vorhanden

WOHNMOBILSTELLPLATZ ZELTINGEN-RACHTIG

ADRESSE: Uferallee, 54492 Zeltingen-Rachtig

ANFAHRT: Auf der Bundesstraße 53 von Bernkastel-Kues kommend bis Zeltingen-Rachtig und noch vor der Moselbrücke links abbiegen

GPS: N 49°57‘16“9, E 7°00‘34“3

Einfacher, klassischer Wohnmobilstellplatz mit Ver- und Entsorgungsstation. Der Platz liegt etwas unterhalb der Bundesstraße und gleich neben der Moselbrücke am Ufer. Nebenan befindet sich ein Minigolfplatz und über die Brücke gelangt man in wenigen Gehminuten zum Kloster Machern.

FESTUNGEN UND ALTER SCHIEFER

Rund um Traben-Trarbach und Kröv

Die evangelische Kirche oberhalb der Häuser von Traben-Trarbach

9

Wer von Mosel und Wein spricht, muss auch den Schiefer erwähnen. Hierfür gibt es bei Kröv idealerweise einen interessanten Schieferwanderweg. Wer weniger in Hanglage wandern mag, sondern lieber eine Stadtbesichtigung bevorzugt, der ist am Brückentor in Traben-Trarbach gut aufgehoben.

Die Brücke, die beide Ortsteile miteinander verbindet, präsentiert sich auf Trarbacher Seite mit einem sehenswerten Brückentor im Jugendstil. Das Tor ist zweifelsohne das Wahrzeichen der Stadt und ein beliebtes Fotomotiv. Es besteht aus zwei Türmen, die über ein Mittelteil, das sich über die Straße spannt, miteinander verbunden sind. Nicht zu übersehen ist das Relief über dem Trarbacher Teil der Straße. Es zeigt ein tanzendes Winzerpärchen, womit natürlich der Tradition des Weinanbaus gedacht wird. Um die Wende zum 20. Jahrhunderts hatte Traben-Trarbach seine Blütezeit als Weinbau- und Handelsort. Aus dieser Zeit stammen die vielen sehenswerten Jugendstilbauten, die das Stadtzentrum bilden. In die kleine und quirlige Altstadt gelangt man direkt vom Brückenkopf über die dort abzweigende Brückenstraße.

Die Ruine Grevenburg scheint noch heute über Traben-Trarbach zu wachen.

Das Brückentor am Moselufer ist das Wahrzeichen von Traben-Trarbach.

Tipp

Mitten im Zentrum erhebt sich der sogenannte Weiße Turm. Dieser im Jahr 2004 umfangreich restaurierte Stadtturm war Teil der einstigen Stadtbefestigung und besitzt an seiner Außenwand ein Glockenspiel mit 28 Bronzeglocken. Sie läuten jeweils um 12, 15, 16, 17 und 18 Uhr. Sehenswert ist der Turm aber auch von innen, denn durch das kreisrunde Treppenhaus gelangt man bis zu einer Aussichtsplattform, die einen schönen Blick knapp über die Dächer der Ortschaft bietet.

WANDERUNG ZUR EHEMALIGEN FESTUNG MONT ROYAL

Auf der Moselschleife, auf der sich der Ortsteil Traben befindet, locken die Überreste der Festung **Mont Royal** zu einer kleinen Wanderung hinauf in die Wälder. Heute sieht man zwar nur noch wenige Überreste der von Baumeister Sébastien de Vauban errichteten Festung. Doch die Ausmaße der einst mächtigen Wehranlage sind dank der informativen Hinweisschilder am Wegesrand dennoch gut erkennbar. Man stelle sich vor, eine Regierung lässt von 8 000 Arbeitern eine 1 600 Meter lange und 750 Meter breite Festung mit fünf Bastionen errichten, die über 8 000 Soldaten und

3 000 Pferden Platz bietet – und reißt sie im Jahr der Fertigstellung wieder ab! So ähnlich geschah es im Jahr 1698, als die Festung Mont Royal auf dem gleichnamigen Bergrücken auf Veranlassung von König Ludwig XIV. nach zwölf Jahren Bauzeit fertiggestellt war. Während der Bauzeit von Mont Royal fand nämlich der Pfälzische Erbfolgekrieg statt, der 1697 mit dem Frieden von Rijswijk endete. Und der Friedensvertrag sah unter anderem vor, dass die Festung wieder geschleift werden müsse – was dann kurz darauf auch geschah.

Heute hat man von dem Plateau der einstigen Festung einen schönen Ausblick auf die umliegenden Ortschaften und auf den schlangenlinienartigen Verlauf der Mosel. In Richtung Osten erhascht man einen Blick auf das Moseltal und die Ortschaft Enkirch, welche sich an den sanft in die Höhe steigenden Hang schmiegt. Nach Süden hin überblickt man Traben und man erkennt auf der anderen Moselseite eine weitere Ruine. Traben-Trarbach wird überragt von den Ruinen der im 18. Jahrhundert

Den Weißen Turm in der Altstadt erkennt man nicht nur am Glockenspiel.

zerstörten Grevenburg, einem Vorwerk der einstigen Festung Mont Royal. Graf Johann III. von Sponheim ließ die Grevenburg Mitte des 14. Jahrhunderts errichten. Im 17. Jahrhundert wurde die Höhenburg als Vorfeste der nahegelegenen Anlage Mont Royal zunächst ausgebaut, doch als die Festung Mont Royal geschleift wurde, wieder zurückgebaut. Die Burg, die zu Beginn des 18. Jahrhunderts in diversen Kämpfen schwere Schäden erlitt, war in kurzen Abständen im Besitz von Hessen, Holland, Kurtrier und zwischendurch immer wieder von Frankreich. Die Franzosen sprengten schließlich die Anlage im Jahr 1734. Von der einstmals stolzen Anlage mit mehreren Türmen, einem Zeughaus, zwei Vorwerken und einer massiven Wehrmauer ragen heute nur noch Reste des Kommandantenhauses weit sichtbar in die Höhe.

AUSBLICKE BIS KRÖV

Einer der Aussichtspunkte am Mont Royal trägt den Namen Wolfsblick. Denn hier reicht der Blick gen Westen über die kleine Ortschaft Wolf hinweg bis nach **Kröv**. Das ist ein kleiner, ruhiger Weinort mit einer gemütlichen Fußgängerzone, an der sich einige rustikale Fachwerkhäuser aneinanderreihen. Mehrere Cafés und Straußwirtschaften laden zur Einkehr im pittoresken Ortskern oder an der lieblichen Moselpromenade ein. Bekannt ist Kröv vor allem für seine Weingroßlage mit dem außergewöhnlichen Namen Kröver Nacktarsch. In zwei der vier Einzellagen des Nacktarschs werden Rieslingreben angebaut, auf den anderen beiden wachsen Müller-Thurgau- und Spätburgundertrauben.

Oberhalb der Weinlagen wartet ein reizvoller und interessanter Themenwanderweg auf die Besucher der Region. Der Schieferwanderweg vermittelt auf zahlreichen Informationstafeln Interessantes und Wissenswertes zum **Schiefer**, welcher für das Tal der Mittelmosel besonders wichtig ist. Das Wort Schiefer stammt vom althochdeutschen »scivaro« ab und steht für das Wort Splitter. Charakteristisch, und daher auch der Name, sind die dünnen Platten, aus denen Schiefer besteht. Entstanden ist Schiefer über einen Zeitraum von 300 bis 400 Millionen Jahren, von der Ablagerung bis zur Faltung. Die aneinandergepressten, dünnen Platten des Natursteins Schiefer sind leicht spaltbar. Manche Schieferplatten lassen sich sogar von Hand trennen, was in der Weiterverarbeitung einen deutlich geringen

▲ Man hat die freie Auswahl: Entweder der Blick zur Burgruine… ◀ oder die Aussicht über den Fluss… ▶ und zu guter Letzt auch von oben in das Moseltal.

Energieaufwand bedeutet. Am häufigsten kommen die Schieferplatten im Hausbau zum Einsatz. Außer zur Verkleidung von Außenwänden werden sie vor allem als Dachschindeln verwendet. Da sich der Stein von Schieferstätte zu Schieferstätte unterscheidet, kann die Nennung der Stätte, ähnlich wie bei einer Weinbaulage, Rückschlüsse auf die Qualität geben. Der Moselschiefer macht heute über die Hälfte des bundesdeutschen Schieferabbaus aus. Mit tollen Ausblicken wandert man nicht nur oberhalb der Weinlagen Letterlay und Steffensberg, sondern auch an Obstbäumen vorbei. Der Schieferwanderweg endet mit verschiedenen eindrucksvollen, aus dem Fels geschlagenen Schieferstücken. Auf der anderen Seite der Mosel erblickt man – am unbewachsenen Hang zwischen den Bäumen gut erkennbar – den sogenannten Kröver Felssturz.

AUF EINEN BLICK

Info

STADT/REGION: Traben-Trarbach
BESTE REISEZEIT: April–Oktober
OPTIMALE REISEDAUER: 2–3 Tage
TOURISTINFO:
Tourist-Information Traben-Trarbach, Am Bahnhof 5, 56841 Traben-Trarbach, Tel. 06541/8 39 80, www.traben-trarbach.de

SEHENSWÜRDIGKEITEN

BUDDHA-MUSEUM: Bruno Möhring Platz 1, 56841 Traben-Trarbach, Tel. 06541/8 16 51 80, www.buddha-museum.de
MITTELMOSELMUSEUM: Casinostraße, 56841 Traben-Trarbach, Tel. 06541/94 80
IKONENMUSEUM: Mittelstraße 8, 56841 Traben-Trarbach, Tel. 06541/81 24 08, www.haus-der-ikonen.de
ZEITREISE-MUSEUM: Moselstraße 2, 56841 Traben-Trarbach, Tel. 06541/8 14 58 66
BRÜCKENTOR: Brückenstraße, 56841 Traben-Trarbach
RUINE GREVENBURG: Schottstraße, 56841 Traben-Trarbach
FESTUNGSRUINEN MONT ROYAL: 56841 Traben-Trarbach
UNTERWELT TRABEN-TRARBACH: Am Bahnhof:5, 56841 Traben-Trarbach, Tel. 06541/8 39 80, www.unterwelt-ausflug.de
MOSEL-THERME: Wildsteiner Weg 5, 56841 Traben-Trarbach, Tel. 06541/8 30 30, www.moseltherme.de

◀ Eine der Kirchen im Ort ▶ Paddeln kann man auf der Mosel auch.

Die Romantica ist nur eines von vielen Moselausflugsschiffen.

MINIGOLF: Wildbadstraße 219, 56841 Traben-Trarbach
ESCAPE ROOM: Wildbadstraße 244, 56841 Traben-Trarbach, Tel. 06541/81 83 13, www.escape-room-mosel.de
FREIBAD KRÖV: Moselweinstraße, 54536 Kröv, Tel. 06541/96 53, www.freibad-kroever-reich.de
FAHRRADVERLEIH MITTELMOSEL: Bahnstraße 9, 56841 Traben-Trarbach, Tel. 06541/81 01 04
KANUVERLEIH MITTELMOSEL: An der Mosel 74, 56841 Traben-Trarbach, Tel. 01515/6 03 98 58
MOSELRUNDFAHRTEN: Halbtagesfahrten ab Traben-Trarbach nach Bernkastel-Kues und zurück, tägl. ab 10, 11.15, 14.30 und 17 Uhr. Tel. 06531/82 22, www.moselrundfahrten.de

MOSELCAMPINGPLATZ RISSBACH

ADRESSE: Rißbacher Straße 155, 56841 Traben-Trarbach, Tel. 06541/31 11, www.mosel-camping-platz.de
ANFAHRT: Auf der Bundesstraße 53, von Traben-Trarbach kommend, die Mosel überqueren und sofort rechts
GPS: N 49°57‘56“3, E 7°06‘19“7
Großer Campingplatz zwischen Traben-Trarbach und Kröv unterhalb der Weinberge. Parzellen teilweise direkt am Moselufer. Restaurant und Café unmittelbar am Platz

AUF EINEN BLICK

WOHNMOBILSTELLPLATZ TRABEN-TRARBACH

ADRESSE: Rißbacher Straße, 56841 Traben-Trarbach,
Tel. 06541/31 11, www.mosel-camping-platz.de

ANFAHRT: In Traben-Trarbach die Bundesstraße verlassen und über die Brücke zum gegenüberliegenden Ufer. Dort links und der Straße bis zum Sportplatz und Stellplatz folgen

GPS: N 49°57‘23“9, E 7°06‘13“2

Westlich der Ortschaft gelegener Stellplatz mit nur wenigen Plätzen direkt an der Mosel. Zwischen Waldrand und Sportplatz steht man hier in bis zu drei Reihen auf großzügig angelegten Parzellen. Bis zur Brücke in den Ort sind es rund eineinhalb Kilometer am Moselufer entlang. Kartenzahlung, Schrankeneinfahrt, Ver- und Entsorgung sowie ein Sanitärcontainer vorhanden. Wird vom Campingplatz betrieben

CAMPINGPLATZ WOLF

ADRESSE: Uferstraße 13, 56841 Traben-Trarbach, Tel. 06541/91 74, www.campingplatz-wolf.de

ANFAHRT: Auf der Bundesstraße 53 bis Wolf und im Ort am Moselufer bis zum Platz

GPS: N 49°58‘51“8, E 7°06‘12“7

Der Platz befindet sich in ruhiger Lage in einer Moselschleife, umgeben von Weinbergen. Auch der Blick zum gegenüberliegenden Ufer schweift über zahlreiche steile Weinberge. Gasflaschentausch, Kiosk und eine Slipanlage für das eigene Boot sind vorhanden.

WOHNMOBILSTELLPLATZ ENKIRCH

ADRESSE: L192, 56850 Enkirch

ANFAHRT: Auf der Bundesstraße 53 bis Enkirch und im Ort nach der Straßenüberführung auf die L192 wechseln. Innerhalb der Kurve links auf den Stellplatz

GPS: N 49°59‘02“4, E 7°07‘17“3

Einer der größten Stellplätze im Moseltal mit Platz für über 100 Wohnmobile. Es existieren keine Parzellen, dafür mehrere große Rasenflächen. Die Anzahl der Steckdosen ist bei Vollbelegung nicht ausreichend.

◀ Details wie der Entenbrunnen ▶ und Infos machen die Orte liebenswert.

Ver- und Entsorgung vorhanden, je nach Standort des eigenen Wohnmobils jedoch bis zu 350 Meter entfernt.

WOHNMOBILSTELLPLATZ REIL

ADRESSE: Moselstraße, 56861 Reil

ANFAHRT: Auf der Bundesstraße 53 die Moselbrücke überqueren und nach Reil hineinfahren. Dort rechts halten, um zum Moselufer zu gelangen

GPS: N 50°01‘32“3, N 7°06‘53“4

Ruhiger Stellplatz zwischen Ort und Moselufer. Man steht in zwei Reihen mit ausreichend Platz zwischen den Fahrzeugen auf Rasenflächen. Ver- und Entsorgungsstation vorhanden, jedoch nicht ausreichend Steckdosen. Mehrere Gastronomiebetriebe und Weingüter im unmittelbaren Umfeld

CAMPINGPLATZ MOSELLAND

ADRESSE: Im Planters, 56862 Pünderich, Tel. 06542/26 18, www.campingplatz-moselland.de

ANFAHRT: Auf der B53 Pünderich in Richtung Traben-Trarbach verlassen und gleich an der ersten Gelegenheit rechts durch die Weinberge zum Ufer

GPS: N 50°01‘58“5, E 7°06‘56“1

Ruhiger Campingplatz, der nur von Weinbergen und dem Moselufer umgeben ist.

AUSSICHTEN ÜBER AUSSICHTEN

Geschichten über die Schwarze Katz in Zell

Auch bei Zell windet die Mosel sich mit weiten Kurven durch ihr Tal.

10

Zell erstreckt sich an der Moselschleife Zeller Hamm und bietet einen Steilpfad, der für wagemutige und erfahrene Wanderer eine Freude sein wird. Vom Collis-Turm aus überblickt man anschließend einen weiten Teil der Mittelmosel und der Ausblick vom Prinzenkopfturm ist einfach nur phänomenal.

Exakt im geografischen Zentrum des Mittelmoseltals liegt die Stadt Zell an einer weiteren der markanten Moselschleifen. Geprägt ist die Stadt von zahlreichen historischen Fachwerkhäusern und in der Balduin- und Schloßstraße warten klassizistische und neobarocke Bauten aus den Anfängen des 20. Jahrhunderts auf den Besucher. Doch auch die etwas weiter entfernten Ortsteile präsentieren sich mit sehenswerten Gebäudeensembles, hervorzuheben ist hier das ehemalige Kloster in Merl. Übrigens wird in den Ortsteilen trotz der Nähe zueinander jeweils eine andere Variante des moselfränkischen Dialekts gesprochen.
Zell ist mit über 300 Hektar bestockter Rebflächen eine der größten Weinbaugemeinde an der Mosel. Weltberühmt ist die reizvolle Stadt aber mit seiner Weinlage Schwarze Katz geworden. Der Collis-Turm inmitten seiner Weinberge und der Aussichtsturm auf dem Prinzenkopf in der Nähe der Marienburg am anderen Moselufer locken mit einem wunderbaren Blick auf die Stadt und die Moselschleife.

Gut zu erkennen sind die Marienburg und das Viadukt der Kanonenbahn.

10

AUF DEM STEILPFAD ZUM COLLIS-TURM

Wie in so vielen Ortschaften entlang der Mosel gilt auch in Zell, dass man sich aktiv auf die Wanderwege der Region machen sollte. Denn einen weiteren, fantastischen Ausblick auf die Mosel und auf die Stadt verspricht der **Collis-Turm** weit oberhalb von Zell. Mehrere Möglichkeiten bestehen, um ihn zu Fuß zu erreichen. Die spektakulärste ist die Begehung des Collis Steilpfads. Um diesen zu erreichen, folgt man dem Weg durch ein kleines Seitental, das von Zell abzweigt.

Schmale Häuser, teilweise nur so breit, dass bloß ein Fenster den Blick auf die Straße ermöglicht, stehen auf der steilen Straße Zeller Kehr dicht gedrängt. Weinranken schmücken ihre Fassade, und zur Linken macht vor dem Haus Nummer 5 die Weinfass-Aufschrift »Zum Wasserfall« neugierig. Und tatsächlich: Geht man durch die Hofeinfahrt hindurch, um nach der Kaskade zu schauen, plätschert der kleine Zeller Bach von rechts kommend hinter den Häusern durch die Hinterhöfe in Richtung Mosel und stürzt dabei

Man ist noch gar nicht ganz oben und trotzdem hat man schon eine tolle Sicht.

◀ Hier ist Erfahrung erforderlich, ▲ wenn man diesen Ausblick genießen möchte ▼ und sich für den Kletterfelsen oder den Steilpfad entscheidet.

in einen offenen Schacht hinab. Unterwegs auf der Wanderung dauert es nicht lange, bis sich rechter Hand ein mittelalterlicher Turm erhebt, der den schlichten Namen Viereckiger Turm trägt. Er war der Hauptturm der einstigen Stadtbefestigung und bewachte den östlichen Zugang zu Zell. Heute dient er als Zugang zum Friedhof, hinter dem sich – von hier aus nicht sichtbar – sein Pendant versteckt: der sogenannte Runde Turm. Kurz darauf muss man eine wichtige Entscheidung treffen. Schmale Pfade oder eine Kletterpartie, für die Trittsicherheit und Schwindelfreiheit oberstes Gebot sind – so lautet die Qual der Wahl. Der Warnhinweis auf dem Schild ist dort nicht ohne Grund aufgeführt. Auf Nummer sicher geht man, wenn man einfach dem Weg für die Winzer folgt. Auch dieser führt nach oben und zwar deutlich sicherer. Einmal am Collis-Turm angekommen, läutet man die Glocke an der Aussichtsplattform und blickt verdient in das weite Moseltal.

Ausblick vom Collis-Turm oberhalb von Zell in Richtung Süden

WUNDERBARER AUSBLICK AUF DIE MOSELSCHLEIFE

Dabei sollte man einfach mal den Blick ganz in Ruhe schweifen lassen und das Leben im Zeller Moseltal beobachten, welches aus dieser Höhe wie eine Miniaturlandschaft wirkt. Auf der linken Seite erscheint die Mosel in einem weiten Bogen, nachdem sie an Pünderich und Briedel vorbeifloss. 88 Kilometer wird sie noch bis zum Rhein zurücklegen, wenn sie die Straßenbrücke unterquert und damit die ersten Häuser von Zell erreicht hat. Links unten sieht man die steilen Weinberge, die nur vom Friedhof mit dem Viereckigen und Runden Turm unterbrochen werden. Auf der anderen Flussseite erhebt sich der Hügel Barl, auf dem sich der gleichnamige, jüngste Zeller Ortsteil befindet. Wer den Blick zum Fluss senkt, erkennt den Turm der St. Peterkirche. Gleich daneben überspannt die Zeller Fußgängerbrücke die Mosel, die mittlerweile wieder über einen Kilometer zurückgelegt hat. Rechts neben der Brücke breitet sich der Festplatz aus, auf dem am letzten Juniwochenende eines der ersten Weinfeste an der Mosel gefeiert wird und dessen Musik bis zum Collis-Turm zu hören ist. An einer kleinen, unbewohnten Insel vorbei fließt die Mosel weiter ostwärts, windet sich noch einmal und verabschiedet sich aus dem Blickfeld. Schaut man dort aber ganz genau hin, dann erkennt man in viereinhalb Kilometern Entfernung die markante Doppelstockbrücke bei Bullay.

10

DIE MARIENBURG AUF DEM ZELLER HAMM

Zwischen Pünderich und Zell erreicht man bequem auf dem Moselradweg die kleine Ortschaft Briedel, die malerisch zwischen grün leuchtenden Weinbergen eingebettet ist. Erstmalige Erwähnung erhielt Briedel am 20. Mai des Jahres 748 als Bredaculo. 1376 erhielt die Ortschaft Stadtrechte und im Zuge dessen auch eine Befestigung, welche teilweise heute noch besteht. Gut zu erkennen ist zum Beispiel der sogenannte Eulenturm mit seinem spitzen Dach. Links vom Turm erhebt sich, etwas oberhalb der Ortschaft, der Turm der barocken St. Martinskirche, welche in den 1770er-Jahren erbaut wurde. Sie steht an einem Platz, an dem sich nachweislich schon im 6. Jahrhundert eine St. Martinskirche befand. Von Briedel aus blickt man über das Wasser der Mosel zur Weinlage Briedeler Herzchen, während man vom Stellplatz und Campingplatz in Pünderich den Aussichtsturm auf dem Prinzenkopf und die Marienburg gut erkennen kann. Die Marienburg liegt, umgeben von Weinbergen, malerisch auf der Eng-

Beim Abstieg sieht man die Marienburg und den Prinzenkopf.

▲ Grüne Landschaften prägen das Moseltal wie hier an der Marienburg. ◀ Die Schwarze Katz' in Zell kann man nicht übersehen. ▶ Mosellandschaft bei Zell.

stelle der Moselschleife Zeller Hamm. Mitte des 12. Jahrhunderts begann der Abt Richard I. mit der Gründung eines Nonnenklosters des Augustinerinnenordens. Im Jahr 1515 wurde der damalige Erzbischof von Papst Leo X. ermächtigt, das Kloster aufzulösen. In den folgenden Jahrhunderten erlebte die Marienburg wesentliche Umbaumaßnahmen und diente lange Zeit als Festung. Mit dem Einzug napoleonischer Truppen wurde die Anlage zunächst zu französischem Staatseigentum, doch schon nach wenigen Jahren in private Hände versteigert. 1950 erwarb das Bistum Trier die Marienburg und brachte sie nach langer Zeit des Verfalls wieder in Schuss. Heute beherbergt das ehemalige Kloster ein Jugendbildungszentrum der katholischen Kirche. Über einen kurzen Wanderweg kann man bei einem Besuch der Marienburg auf der befestigten Straße am Waldrand entlang weiter zum Aussichtsturm auf dem Prinzenkopf gelangen. Der im Jahr 2009 neu errichtete Aussichtsturm bietet einen wunderbaren Ausblick auf die Moselschleife zwischen Bullay und Pünderich.

AUF EINEN BLICK

Info

STADT/REGION: Zell/Mittelmosel
BESTE REISEZEIT: April–Oktober
OPTIMALE REISEDAUER: 2–3 Tage
TOURISTINFO:
Zeller Land Tourismus GmbH,
Balduinstraße 44, 06542/9 62 20,
www.zell-mosel.com

SEHENSWÜRDIGKEITEN

MARIENBURG: Wohnplatz 1, 56856 Zell (Mosel)
WEINLEHRPFAD PÜNDERICH: Unterhalb der Marienburg
PRINZENKOPFTURM: 56862 Pünderich
DOPPELSTOCKBRÜCKE BULLAY: Bundesstraße 53, 56856 Zell (Mosel)
COLLIS-TURM: 56856 Zell (Mosel)
ERLEBNISBAD ZELLER LAND: Am Schwimmbad 1, 56856 Zell (Mosel), Tel. 06542/48 30, www.erlebnisbad-zell.de
SKULPTUR SCHWARZE KATZ: am Kreisverkehr der Bundesstraße 53 und 421
FAHRRADVERLEIH: Balduinstraße 95, 56856 Zell (Mosel), Tel. 06542/40 67 61, www.fahrradverleih-zell.de
KANUVERLEIH: Moselstraße 13, 56861 Reil, Tel. 06542/96 95 00, www.moselkanuverleih.de

CAMPINGPARK ZELL/MOSEL

ADRESSE: Moselufer, 56856 Zell (Mosel), Tel. 06542/96 12 16, www.campingpark-zell.de
ANFAHRT: Auf der Bundestraße bis Zell und kurz hinter dem Ortseingang links durch die Marientaler Au zum Moselufer hinab
GPS. N 50°02′01″1, E 7°10′28″4
Campingplatz mit Blick auf eine schmale Insel. Außer dem Sanitärbereich bietet der Platz auch einen Biergarten, einen Motorbootverleih, Kanuverleih, einen Minishop und einen überdachten Grillplatz. Außerdem kann man auch in einem kleinen Café frühstücken.

AUF EINEN BLICK

WOHNMOBILSTELLPLATZ ZELL/MOSEL

ADRESSE: Moselufer, 56856 Zell (Mosel), Tel. 06542/96 12 16, www.campingpark-zell.de

ANFAHRT: Auf der Bundestraße bis Zell und kurz hinter dem Ortseingang links durch die Marientaler Au zum Moselufer hinab

GPS: N 50°01'47"8, E 7°10'39"1

Der Stellplatz wird vom Campingpark Zell betrieben und liegt nur 100 Meter entfernt ebenfalls am Ufer der Mosel. Der Ausblick reicht hier auf das gegenüberliegende Zentrum von Zell. Sowohl vom Campingplatz als auch vom Stellplatz hat man das Zentrum mittels benachbarter Fußgängerbrücke schnell erreicht. Bezahlt wird auf diesem Stellplatz beim Kassierer, der in den Abendstunden anwesend ist. Die Sanitäreinrichtungen des Campingplatzes dürfen mitgenutzt werden.

WOHNMOBILSTELLPLATZ RÖMERQUELLEN

ADRESSE: Am Schwimmbad, 56856 Zell (Mosel), Tel. 06542/96 12 16, www.campingpark-zell.de

ANFAHRT: Auf der Bundesstraße 421 bis zum Kreisverkehr und dort hinab zum Schwimmbad

GPS: N 50°00'59"9, E 7°10'33"9

Auch dieser Stellplatz wird vom Campingpark betrieben. Bezahlt wird jedoch am Kassenautomaten. Der Platz befindet sich deutlich weiter von der Zeller Innenstadt entfernt, die aber dennoch innerhalb von 20 Minuten Fußweg erreichbar ist. Umgeben ist man hier von Weinbergen und Tennisplätzen, gleich daneben ist das öffentliche Schwimmbad mit Außenbereich. Ver- und Entsorgungsstation vorhanden, man steht jedoch nicht direkt am Moselufer.

CAMPINGPLATZ BÄREN-CAMP

ADRESSE: Am Moselufer 1, 56859 Bullay, Tel. 06542/90 00 97, www.baeren-camp.de

ANFAHRT: Auf der Bundesstraße 421 bis Zell und dort am Kreisverkehr hinter der Brücke die dritte Ausfahrt benutzen. Anschließend auf der Straße Brandenburg durch Zell und weiter auf der Haupt-

◀ Wohnmobilstellplatz in Pünderich ▲ Campingurlaub gegenüber ^von Zell ▼ Oberhalb der Kanonenbahn blickt man in die Ferne.

straße durch das Moseltal und am Bahnhof Bullay die Eisenbahnbrücke unterqueren

GPS: N 50°03'10"2, E 7°07'51"1

Zentral gelegener Campingplatz in Bullay, von dem aus man in wenigen Augenblicken die Passagierfähre nach Alf erreicht hat. Parzellen zum Teil mit Blick auf die Doppelstockbrücke Alf-Bullay

WOHNMOBILSTELLPLATZ PÜNDERICH

ADRESSE: Am Moselufer, 56862 Pünderich, Tel. 06541/31 11, www.mosel-camping-platz.de

ANFAHRT: Die Bundesstraße 5 bei Pünderich verlassen und auf der Hauptstraße der Beschilderung zum Stellplatz folgen

GPS: N 50°02'36"3, E 7°07'33"3

Ruhig gelegener Stellplatz am Ortsrand zwischen einem Feld und Weinbergen. Freier Blick auf das Eisenbahnviadukt am gegenüberliegenden Moselufer sowie auf die steile Wand des Prinzenkopfs. Der dortige Aussichtsturm ist gut zu erkennen. Umgekehrt bietet dieser einen schönen Ausblick auf den Stellplatz in dieser Moselschleife.

DER STEILSTE WEIN-BERG EUROPAS

Mit Steighilfen durch den Calmont

Wo die Brücke die Straße überspannt, ist der Einstieg in den Klettersteig.

11

Legendär, spektakulär, unbedingt sehenswert, erlebnisreich – welches Attribut soll man bei einem Wanderweg verwenden, der sprachlos macht? Der Calmont-Klettersteig führt durch den steilsten Weinberg Europas und verschafft grandiose Ausblicke auf die Mosel, welche weit unten eine weitere enge und beachtenswerte Schleife bildet.

An Seilsicherungen vorbei und über Leitern hinweg wandert man Schritt für Schritt von Ediger-Eller nach Bremm und belohnt sich auf dem Rückweg mit einem Spaziergang auf einem bewaldeten Höhenzug, der nochmals unglaubliche Aussichten beschert. Die Wanderung ist rundum ein unvergleichliches Erlebnis, welches aber einige Anforderungen an die Kondition stellt.
Der Calmont gilt mit seiner Neigung von 65 Grad als die steilste Weinlage Europas. Beim Anblick dieser steil aufragenden Felswand ist es kaum vorstellbar, dass ursprünglich 22 Hektar davon mit Weinbergen bepflanzt waren. Heute sind es immerhin noch 13 Hektar, die landwirtschaftlich genutzt werden, denn die Arbeit am Calmont ist nicht nur anstrengend und mühsam, sondern auch kostenintensiv. In der Steillage brennt die Sonne besonders stark – dem Wein aus dieser Lage kommt das zugute, der ungeübte Kletterer sollte sich aber an sonnigen Tagen vorsehen, damit es nicht zu Kreislaufproblemen kommt.

UNTERWEGS AUF DEM KLETTERSTEIG CALMONT

Der Klettersteig im Calmont wurde vom Alpenverein angelegt. Man benötigt, abgesehen vom festen Schuhwerk, grundsätzlich keine Sicherheitsausrüstung, dennoch darf er nicht unterschätzt werden, und unerfahrene Wanderer oder Personen mit unzureichender Kondition sollten den Durchstieg vermeiden. In der Vergangenheit kam es zu tödlichen Unfällen und beinahe in jeder Saison wird der Notruf gewählt, weil Wanderer den Weg unterschätzten. In manchen Fällen bleibt dann nur noch die Höhenrettung, die einen aus der misslichen Lage retten kann. Man sollte gut abwägen, ob man den Klettersteig in Angriff nehmen möchte.
Man startet die Wanderung idealerweise am Bahnhof Ediger-Eller, den man in gut 20 Minuten Fußweg ab Campingplatz und Stellplatz erreicht hat. Es geht gleich steil bergauf, womit sich der Calmont-Klettersteig

11

noch nicht von anderen Weinbergen im Moseltal unterscheidet. Auf einem Felsvorsprung erreicht man relativ schnell die Schutzhütte Galgenlay, von der aus man schon eine schöne erste Aussicht genießen kann. Dies ist der Point of no return, also die letzte Möglichkeit umzukehren, denn die Ausschilderung des Rundwegs »Todesangst«, führt gleich im Anschluss steil hinauf, teilweise durch seilgesicherte Geländeabschnitte. Und ja, richtig gelesen. Der Rundweg trägt wirklich den Namen »Todesangst«. Mit jedem Höhenmeter, den man sich schweißtreibend nach oben arbeitet, wird die Aussicht spektakulärer, und es dauert nicht mehr lange, bis man sogar die Mosel bei St. Aldegund erkennen kann.

TRITTSICHERHEIT UND WANDERERFAHRUNG SIND NOTWENDIG

An dem Warnschild für den Klettersteig geht man vorbei und genießt den faszinierenden Blick auf das Tal sowie auf den hervorstehenden Felsdorn, der mit einer Deutschlandfahne am Flaggenmast nicht zu übersehen ist. Zahlreiche steile Weinberge wechseln sich fortan mit Sitzbänken ab, Wegekreuze machen Seilsicherungen Platz, damit man sich auf den wenige Zentimeter breiten Vorsprüngen durch den Hang bewegen kann. Steighilfen und fest installierte Leitern, um einen Felsen hinabzusteigen, sind ein weiteres Wagnis auf dem Weg durch den Klettersteig. Immer wieder ändert sich die Umgebung, mal sind es Weinberge, mal Schieferwände

◀ Schmale Pfade auf dem Calmont-Klettersteig, ▶ daher aufgepasst!

Am Ende einer jeden Wanderung steht dann das Erlebnis Panoramablick.

mit Strauch- und Baumbewuchs. Ebenso vielfältig ist der Wanderweg selbst. Man klettert nämlich nicht nur hinauf, sondern auch immer wieder mal hinab, selbstverständlich auch hier mit einer Seilsicherung, die die notwendige Schwindelfreiheit und Trittsicherheit unterstützt. Rund eineinhalb Stunden sollte man für die Durchquerung des Calmont von der Deutschlandflagge bis zum langersehnten Gipfelkreuz einplanen. Damit hat man den höchsten Punkt erreicht und genießt eine wohlverdiente Rast mit wunderbarer Aussicht über den spektakulären Moselbogen. Für den Rückweg gibt es gleich drei Möglichkeiten: Entweder begibt man sich hinab nach Bremm und spaziert entlang des Moselufers flussabwärts, oder man wandert oberhalb des Calmont durch den Wald. Wer von der aufregenden Wanderung nicht genug bekommen kann, der darf natürlich auch wieder durch den Klettersteig zurück.

Entscheidet man sich für den Weg durch den Wald, dann erscheint auf dem breiten Weg bald schon das sogenannte Römische Bergheiligtum, ein rekonstruierter Tempel auf den Grundmauern eines im Jahr 2005 entdeckten römischen Heiligtums. Kurz darauf folgt wiederum ein Picknickplatz, der Aussichtspunkt Vier-Seen-Blick: Das Band der Mosel zeigt sich, teilweise verdeckt durch die Bergkuppen, gleich so, als handele es sich um vier Seen.

Auf einer großen Rasenfläche übernachtet man auf dem Stellplatz in Neef.

WAS MAN ÜBER WEIN WISSEN SOLLTE

Wem der Calmont-Klettersteig zu aufregend ist und wer dennoch eine schöne Wanderung erleben möchte, der sollte ab dem Camping- bzw. Stellplatz in die andere Richtung gehen oder gleich den Campingplatz in Nehren als Ausgangspunkt nutzen. Linker Hand steigt dort sanft der Römerberg mit seinen Weinbergen an, rechter Hand ragen die überwiegend bewaldeten Hänge etwas steiler in die Höhe. An den beiden Ufern erheben sich die hübschen Häuser der Ortschaft **Senheim**. Um genau zu sein: Rechts am südlichen Moselufer liegt Senheim, gegenüber am Nordufer befindet sich Senhals, ein Ortsteil Senheims. Senhals ist zwar kleiner, auf dem Papier jedoch über 70 Jahre älter als der Hauptort Senheim und wurde bereits 1067 durch die Kölner Kirche namentlich festgehalten. Seine pittoresken Wohnhäuser sind denkmalgeschützt – sie sind deutlich älter als die in Senheim, denn im August 1839 fiel der Hauptort einer Brandkatastrophe zum Opfer, welche nur wenige Häuser verschonte. Heute gehören beide Orte nicht nur zusammen, sondern sind auch durch eine Brücke miteinander verbunden.

Heute erfreut man sich an den Weinpflanzen, die sich an so mancher Hauswand ranken. Andere Hauswände wiederum sind mit liebevollen Abbildungen von Schmetterlingen oder Weintrauben verziert. Bei einem Gang durch die Zeller Straße gelangt man schon nach wenigen Minuten zum Weinmuseum Schlagkamp-Desoye. Im kühlen und schummerigen Weinkeller lagern große Fässer an einer Wand, an der historische Schneidewerkzeuge und Äxte befestigt sind. Eine Inschrift auf einem Weinfass verkündet die altbekannte Weisheit »In vino veritas«.

10 000 Objekte rund um die Weinherstellung umfasst die Sammlung im 400 Jahre alten Unternehmen der Familie Schlagkamp-Desoye, das bereits in der elften Generation geführt wird. Das Museum ist in dem 1923 neu errichteten Weingut in drei Bereiche unterteilt. Nach dem Weinkeller wird der Besucher durch das Kelterhaus geführt und erhält im ehemaligen Festsaal des Hauses mit der großen Sammlung ein Gläschen Wein zur Verköstigung, welcher in den drei Weinlagen Senheimer Lay, Biergarten und Rosenhang wuchs.

KURZBESUCH IN ST. ALDEGUND

Erwähnenswert rund um Bremm ist auch eine kleine Mosel-Ortschaft zwischen dem Calmont und der Doppelstockbrücke Bullay bei Alf. Inmitten der Weinlagen Himmelreich, Klosterkammer und den Palmberg-Terrassen erhebt sich das pittoreske Weindorf **St. Aldegund**. Bereits am 11. Juli 1097 wurde die Ortschaft in einer Schenkungsurkunde erwähnt. Der Name wird von der Heiligen Aldegundis, Äbtissin im 7. Jahrhundert, abgeleitet. Geprägt ist das als Gesamtanlage unter Denkmalschutz stehende Ortsbild von zahlreichen Fachwerkhäusern, die teilweise im 16. Jahrhundert entstanden. Bei einem Spaziergang durch die hübschen Gassen lohnt sich auch ein Blick auf die Details. Das Haus Nummer 9 in der Straße Am Moselstausee zum Beispiel ist mit sehenswerten Motiven der Neorenaissance

Für einen der schönsten Ausblicke auf die Mosel muss man etwas tun.

St. Aldegund (vorne) und Neef liegen nur einen Kilometer auseinander.

verziert. Nicht weit davon entfernt, präsentiert sich das Haus Nummer 30 mit einem Portal im Jugendstil, und in der Christophorusstraße genießt man den Anblick zweier Brunnenbecken aus dem Ende des 18. Jahrhunderts. Überragt wird das Gebäudeensemble vom 51 Meter hohen Turm der Neuen Pfarrkirche in Ufernähe. Der Bau des sechseckigen und 1872 fertiggestellten Turms präsentiert im Inneren sehenswerte Wandmotive, während im Kirchenschiff ein barocker Marienaltar den Blick auf sich zieht. Die Alte Kirche St. Bartholomäus wurde im Jahr 1144 erstmalig erwähnt und ist damit eine der ältesten Kirchenbauten längs der Mosel. Im Laufe der Jahrhunderte erfuhr die kleine Kirche oberhalb der Ortschaft einige Veränderungen und bekam durch Erweiterungsmaßnahmen gotische und barocke Elemente hinzugefügt. Doch der ursprüngliche Stil der Romanik ist weiterhin deutlich zu erkennen. Mit der Fertigstellung der größeren Neuen Pfarrkirche im Zentrum der Ortschaft verlor die Alte Kirche an Bedeutung, die wertvolle Innenausstattung wurde verkauft. In den beiden Weltkriegen diente sie als Kriegsgefangenenlager, Munitionsdepot und Stall. Mitte des 20. Jahrhunderts begann das ortsansässige Ehepaar Ludwig damit, die Alte Kirche zu renovieren, und bereits 1971 konnte das Gotteshaus wieder geweiht werden. Aus Dankbarkeit erhielten die beiden von der Kirchengemeinde nach ihrem Tod 1996 und 2010 eine würdige Grabstätte.

AUF EINEN BLICK

Info

STADT/REGION: Bremm/Mosel Calmont Region
BESTE REISEZEIT: April–Oktober
OPTIMALE REISEDAUER: 2–2 Tage
TOURISTINFO:
Tourist-Information, Calmontstraße 48, 56814 Bremm, Tel. 0175/3 24 91 14;
Touristinformation der Mosel Calmont Region, Pelzerstraße 1, 56814 Ediger-Eller, Tel. 02675/13 44, www.ediger-eller.de

SEHENSWÜRDIGKEITEN

WEINMUSEUM SCHLAGKAMP-DESOYE: Zeller Straße 11, 56820 Senheim (Mosel), Tel. 02673/43 81, www.schlagkamp-wein.de
ALTE DORFKIRCHE: Alte Kirchgasse 6, 56858 St. Aldegund
BURG NEEF: Moseluferstraße 7, 56858 Neef
KLOSTER STUBEN: 56814 Bremm, www.bremm.info
BERGHEILIGTUM AUF DEM CALMONT UND AUSBLICK AM GIPFELKREUZ: 56814 Ediger-Eller
RÖMERGRAB NEHREN: 56820 Nehren
NATURSCHUTZGEBIET TAUBENGRÜN: 56820 Senheim
KANUSTATION EDIGER-ELLER: Bachstraße 56814 Ediger-Eller, Tel. 02671/55 51, www.mosel-kanutours.de
FAHRRADVERLEIH MAC-BIKE-TOUREN: Kloster-Stuben-Straße 7, 56858 Neef, Tel. 01512/6 77 47 47, www.mac-bike-touren.de

CAMPINGPLATZ ZUM FEUERBERG

ADRESSE: Moselweinstraße 3, 56814 Ediger-Eller, Tel. 02675/7 01, www.zum-feuerberg.de
ANFAHRT: Auf der Bundesstraße 49 bis an den Ortsrand von Ediger-Eller
GPS: N 50°05‘28“2, E 7°09‘55“2
Klassischer Campingplatz mit kompletter Ausstattung und Stellflächen direkt an der Mosel. Zum Einstieg in den Calmont-Klettersteig sind es nur zwei Kilometer Fußweg entlang des Ufers.

AUF EINEN BLICK

WOHNMOBILSTELLPLATZ EDIGER-ELLER

ADRESSE: Moselweinstraße 3, 56814 Ediger-Eller

ANFAHRT: Auf der Bundesstraße 49 bis an den Ortsrand von Ediger-Eller, kurz hinter dem Campingplatz nach links

GPS: N 50°05‘35“9, E 7°09‘34“1

Strom und Frischwasserversorgung ist gegeben, jedoch keine Entsorgungsstation. Sehr enge Stellflächen

WOHNMOBILGARTEN OSTER-FRANZEN

ADRESSE: Calmontstraße 96, 56814 Bremm, Tel. 02675/9 11 99 18, www.oster-franzen.de

ANFAHRT: Am Ortsausgang von Bremm gegenüber vom Restaurant am Moselufer rechts die Straße hoch und gleich an der ersten Möglichkeit erneut nach rechts

GPS: N 50°05‘44“1, E 7°07‘27“2

In großzügigen Parzellen, die mit Hecken abgetrennt sind, steht man hier direkt an einem Weingut mit Verköstigungsmöglichkeit und Einkauf im dazugehörigen Wein-Shop. Ver- und Entsorgungsbereich mit Sanitäranlagen im Weingut (nur über Wendeltreppe erreichbar)

WOHNMOBILSTELLPLATZ ST. ALDEGUND

ADRESSE: Am Moselstausee 29, 56858 St. Aldegund

ANFAHRT: Direkt an der B49 in St. Aldegund

GPS: N 50°04‘42“1, E 7°07‘49“4

Zwischen Motorhaube und Fluss verläuft nur noch der Moselradweg. Allerdings befindet sich gleich hinter dem Fahrzeug die Bundesstraße. Ver- und Entsorgung vorhanden

WOHNMOBILSTELLPLATZ ZUM FRAUENBERG

ADRESSE: Kloster-Stuben-Straße 1, 56858 Neef

ANFAHRT: Die Bundesstraße 49 südlich von Bremm verlassen und auf der Brücke die Mosel nach Neef überqueren. Gleich hinter der Brücke an der ersten Möglichkeit rechts abbiegen und am Ufer unter der Brücke hindurch

Auf so vielen Stellplätzen steht man direkt am Ufer.

GPS: N 50°05'40"5, E 7°08'13"4
Großer Stellplatz mit nichtparzellierten Rasenflächen neben der Moselbrücke und am Moselufer. Gezahlt wird abends, wenn der Mitarbeiter zum Abkassieren zum Platz kommt. Ver- und Entsorgungsstation vorhanden. Etwas oberhalb des Platzes fahren die Züge in den Tunnel unter dem Petersberg. Hierdurch eine deutliche Geräuschkulisse

CAMPINGPLATZ NEHREN

ADRESSE: Moselstraße 1, 56820 Nehren, Tel. 02673/9 62 11 55, www.campingplatz-nehren.de
ANFAHRT: Auf der Bundesstraße 49 an der Brücke nach Senheim vorbei und wenig später links
GPS: N 50°04'52"4, E 7°11'35"8
Ruhiger Campingplatz auf einer langgestreckten Insel und mit einer kleinen Gaststätte

CAMPING HOLLÄNDISCHER HOF

ADRESSE: Am Campingplatz 1, 56820 Senheim (Mosel), Tel. 02673/46 60, www.moselcamping.com
ANFAHRT: Die Bundesstraße 49 bei Nehren verlassen und über die Brücke nach Senheim fahren. Auf dem anderen Moselufer sofort an der ersten Gelegenheit links in die Campingplatzzufahrt
GPS: N 50°04'56"1, E 7°12'30"6
Mit Restaurant, Shop, Kinderspielplatz und einem Unterhaltungsprogramm

SCHWINDEL-ERREGENDE TOUR

Auf der Hängeseil-brücke Geierlay

Nur Mut! Es sind keine 400 Meter bis zum gegenüberliegenden Ende.

12

Nicht nur die Mosel und ihr Tal haben faszinierende und spannende Aussichten und Augenblicke zu bieten. Etwas abseits, nur wenige Kilometer in den Hunsrück gefahren, genießen Wanderer und Besucher mit der Hängeseilbrücke Geierlay ein Abenteuer ganz besonderer Art.

Bei Bruttig-Fankel gibt es einen ganz besonderen Grund, das Moseltal zu verlassen. Das Ziel lautet Mörsdorf und liegt etwas mehr als eine Stunde mit dem Fahrrad entfernt. Doch es sprechen gleich drei Gründe dafür, lieber mit dem Wohnmobil nach Mörsdorf zu fahren. Einerseits ist das Zweirad am Zielort eher ungeeignet, andererseits radelt man aus dem Moseltal deutlich bergauf, um es verlassen zu können. Und zu guter Letzt bietet Mörsdorf eine Übernachtungsmöglichkeit für Wohnmobilisten. Zwar ist der Wohnmobilstellplatz nur ein geschotterter Parkplatz, doch ist dieser ein guter Ausgangspunkt, um zur eigentlichen Sehenswürdigkeit wandern zu können.

Und genau darum geht es: um Wanderungen. Denn an Mörsdorf vorbei verläuft der Fernwanderweg namens Saar-Hunsrück-Steig. Dieser über 400 Kilometer lange Wanderweg beginnt in Perl an der Mosel und führt über die Höhen des Hunsrücks bis nach Boppard im Rheintal. Das wäre zugegebenermaßen ein wenig sportlich für einen Wochenendausflug in der Moselregion. Doch einen kleinen Einblick sollte man sich dennoch gönnen, eben in Mörsdorf. Denn hier verläuft der Saar-Hunsrück-Steig durch ein malerisches Tal, das wiederum von einer sehenswerten Hängeseilbrücke überspannt wird. Für die Überquerung der Brücke muss man ein wenig Mut mitbringen. Denn das leicht schaukelnde Bauwerk überspannt das Tal in einer Höhe von rund 100 Metern. Gleichzeitig sind es bis zum anvisierten Ende der Brücke stolze 360 Meter, die man also in schwindelerregender Höhe gehen kann. Damit war sie bei ihrer Fertigstellung im Jahr 2015 die längste Hängeseilbrücke Deutschlands und gab den Titel zwei Jahre später an eine Hängeseilbrücke im Harz ab. Für den kleinen Adrenalinschub zwischendurch sollte man sich die kostenlose Überquerung der Hängeseilbrücke Geierlay, so ihr kompletter Name, nicht entgehen lassen. Anschließend besteht zudem noch die Möglichkeit, ein dazugehöriges Besucherzentrum im Ortskern von Mörsdorf zu besuchen.

12

KURZBESUCH AM KLOSTER MARIA ENGELPORT

Auf dem Weg von der Mosel nach Mörsdorf passiert man mitten im Wald das Kloster Maria Engelport, bei dem man einen kurzen Zwischenstopp einlegen sollte. Bereits im Jahr 1220 wurde das Kloster Maria Engelport gegründet. Im Laufe der Jahrhunderte wurde es sowohl von Zisterzienserinnen, Dominikanerinnen als auch von Prämonstratenserinnen bewohnt. Doch immer wieder stand die Anlage lange leer, sei es, weil die Schwestern vertrieben wurden oder sich die Landwirtschaft nicht mehr lohnte. Ein Jahrhundert lang war das Kloster eine Ruine, bevor die Oblatenmissionare, auch Hünfelder Oblaten genannt, es 1903 wieder aufbauten. Die Klosterkirche beherbergt die Reliquien des Ordensgründers Eugen von Mazenod, weshalb die Anlage auch Wallfahrtsstätte ist.

Weniger spektakulär als die Hängeseilbrücke, aber nicht minder eindrucksvoll, sind die Wandermöglichkeiten bei Valwig und Beilstein, womit man sich wieder direkt im Moseltal befindet.

BESONDERE SCHMETTERLINGE AN DEN HÄNGEN IM MOSELTAL

Valwig gilt als einer der ältesten Moselorte und wurde vermutlich schon von den Kelten und den Römern bewohnt. Erstmalig erwähnt wurde er jedoch erst im 9. Jahrhundert unter dem Namen Falavoia, später auch als Valefayer. Heute besteht Valwig aus zwei Ortsteilen. Neben dem Hauptort am Ufer der Mosel kommt man über eine schmale Straße nach Valwigerberg, der – wie der Name es bereits ankündigt – oberhalb von Valwig liegt. Beide Ortsteile besitzen eine sehenswerte Kirche. Die St. Martinskirche in Valwig stammt aus der ersten Hälfte des 19. Jahrhunderts und gilt als älteste neoromanische Kirche Deutschlands. Die Wallfahrtskirche St. Maria und Magdalena in Valwigerberg wurde bereits im 15. Jahrhundert erbaut. Auf dem Wanderpfad Apolloweg lassen sich Valwig und Umgebung gut erkunden. Nach einer kurzen Besichtigung der St. Martinskirche sollte man einen Blick in das benachbarte alte Spritzenhaus werfen. Im Inneren erwartet einen neben Informationen, Flyern und Zeitungsausschnitten zum Apolloweg auch historisches Arbeitsgerät der Winzer, wie zum Beispiel Rigolhauen und Weinbergscheren. Ein Hinweisschild verrät, dass das Spritzenhaus früher auch als Gefängnis genutzt wurde und obdachlosen

▲ Vom Apolloweg blickt man auf die kleine Ortschaft Ernst. ◀ Hängeseilbrücke Geierlay ▶ Der Apollofalter ist ein mittlerweile seltener Anblick.

Wanderern als Schlafraum diente. Doch für die eigentliche Sehenswürdigkeit, nach der der Wanderweg benannt wurde, muss man ein wenig Geduld und Glück mitbringen. Die Rede ist vom seltenen und geschützten Apollofalter. Zwischen Ende Mai und Ende August bestehen gute Chancen, den Roten Apollo – kurz auch Apollofalter genannt – zu sehen. Der Schmetterling, der nur eine Lebensdauer von zwei bis drei Wochen hat, ist in vielen europäischen Regionen stark gefährdet oder sogar vom Aussterben bedroht. Er ernährt sich als Raupe vor allem von der Fetthenne und als Falter von Disteln und Flockenblumen. Der standorttreue Falter lebt in der Regel in einer isolierten Population. Das bedeutet, dass schon die Zerstörung seiner Nahrungspflanze die gesamte Population vernichten kann. Hier an der Mosel war der Schmetterling durch den Einsatz von Insektenschutzmitteln im Weinbau stark gefährdet. Seit dem Ende der 1980er-Jahre ist der Einsatz chemischer Mittel stark zurückgegangen, was den Mosel-Apollo wahrscheinlich vor der Ausrottung gerettet hat. Heute wird der weiße Schmetterling mit seinen markanten roten Flecken auf den Flügeln durch den hiesigen Apolloweg geehrt.

Das Ortsbild von Beilstein wird von der Burgruine Metternich geprägt.

RUNDTOUR ZUM DORNRÖSCHEN DER MOSEL

Einen weiteren malerischen Wanderweg erlebt man auch direkt ab **Bruttig-Fankel**. Er nennt sich Moselkrampen und verläuft auf beiden Seiten der Mosel als Rundwanderweg über Ellenz in das romantische Beilstein. Schon zu Zeiten der Kelten war das heutige Stadtgebiet von Bruttig-Fankel bewohnt. Erstmalige Erwähnung als Pruteca im Mayengau erlangte die Ortschaft im Sommer des Jahres 898 in einer Schenkungsurkunde. Heute präsentiert sich der hübsche Ort mit sehenswerten, historischen Bauten wie dem Christophorushaus, den alten Rathäusern der Doppelgemeinde aus dem 16. und 17. Jahrhundert sowie dem ältesten zusammenhängenden Fachwerkensemble im gesamten Moselraum. Viele der Häuser sind mit einem Schwebegiebel konstruiert, einer architektonischen Bauform, die überwiegend im Mittelalter in Fachwerkhäusern angewandt wurde.

Als Dornröschen der Mosel wird **Beilstein** gerne bezeichnet. Der kleine Marktplatz, umgeben von gepflegten Fachwerkhäusern, befindet sich unterhalb der mächtigen Burgruine Metternich. Im 13. Jahrhundert wurde sie erstmalig erwähnt und gelangte 1637 in den Besitz des Adelsgeschlechts Metternich, rund 50 Jahre, bevor sie im Pfälzer Erbfolgekrieg zerstört und nicht mehr aufgebaut wurde. Doch auch als Ruine ist sie mit ihrem 25 Meter hohen Bergfried imposant und prägt das Bild von Beilstein. Nicht minder sehenswert ist die barocke Klosterkirche St. Joseph, welche die „Wunderbare Schwarze Madonna“ beherbergt, eine Statue spanischen Ursprungs aus dem 12. Jahrhundert. Beim Anblick des pittoresken Ortes wundert es nicht, dass er in der ersten Hälfte des letzten Jahrhunderts Kulisse für mehrere Heimatfilme, unter anderem mit Curd Jürgens und Heinz Rühmann, war.

AUF EINEN BLICK

Info

STADT/REGION: Bruttig-Fankel/Ernst/Valwig (Hunsrück)
BESTE REISEZEIT: April–Oktober
OPTIMALE REISEDAUER: 2–3 Tage
TOURISTINFO: Touristik-Info Bruttig-Fankel, Himpfenstraße 9, Tel. 02671/6 05 62 10, www.bruttig-fankel.de

SEHENSWÜRDIGKEITEN

BURG METTERNICH: 56814 Beilstein, Tel. 02673/93 63 56, www.burgmetternich.de
KARMELITERKIRCHE: Klostertreppe, 56814 Beilstein
WALLFAHRTSKIRCHE ST. MARIA UND MARIA MAGDALENA: Kapellenweg 3, 56812 Valwig
KLOSTER MARIA ENGELPORT: Flaumbachtal 4, 56253 Treis-Karden, Tel. 02672/91 57 50, www.kloster-engelport.de
BESUCHERZENTRUM HÄNGESEILBRÜCKE GEIERLAY: Kastellauner Straße 23, 56290 Mörsdorf, Tel. 06762/9 03 40 80, www.geierlay.de
MOSELLANDMUSEUM: Weingartenstraße 91, 56814 Ernst, Tel. 02671/6 07 83 77, www.mosellland-museum.de

CAMPINGPLATZ BRUTTIG-FANKEL

ADRESSE: Am Moselufer, 56814 Bruttig-Fankel, Tel. 02671/91 54 29, www.campingplatz-bruttig.de
ANFAHRT: Der Bundesstraße 49 bis zur Brücke zwischen Ernst und Bruttig-Fankel folgen. Die Brücke überqueren und wieder hinab zum Ufer, dabei den Ort durchqueren
GPS: N 50°07‘57“7, E 7°13‘48“2

Breit angelegter Campingplatz mit Blick auf die gegenüberliegenden Weinberge. Parzellen zum Teil unter Schatten spendenden Bäumen. Auf dem Platz befindet sich ein Restaurant, weitere Einkehrmöglichkeiten sind gleich auf der anderen Straßenseite anzutreffen, wo man sich sofort im kleinen Zentrum der Ortschaft befindet.

AUF EINEN BLICK

WOHNMOBILSTELLPLATZ ERNST

ADRESSE: Auf dem Acker 15, 56814 Ernst, www.weintreff-ernst.de
ANFAHRT: Auf der Bundesstraße 49 bis zum Ortsausgang in Richtung Bruttig-Fankel. Hinter der Vinothek gleich rechts hoch
GPS: N 50°08‘33“3, E 7°13‘56“3
Kreisförmig angelegter Stellplatz für ca. 25 Fahrzeuge, der zur Vinothek gehört. Weinproben und Betriebsbesichtigungen sind daher nach vorheriger Anmeldung möglich. Supermarkt gleich nebenan

WOHNMOBILSTELLPLATZ MOSELLA

ADRESSE: Weingartenstraße 104, 56814 Ernst, www.mosella-schinkenstube.de
ANFAHRT: Am Ortsausgang von Ernst die Bundesstraße 49 hinter der Zufahrt zur Vinothek verlassen und sofort scharf rechts abbiegen
GPS: N 50°08‘36“5, E 7°13‘54“3
Sehr enger Wohnmobilstellplatz für 18 Fahrzeuge gegenüber dem Restaurant Schinkenstube, zu dem der Platz gehört. Mit eigener Metzgerei und Räucherei

WOHNMOBILSTELLPLATZ WEINGUT LOOSEN

ADRESSE: Im Goldbäumchen 4–6, 56821 Ellenz-Poltersdorf, Tel. 02673/96 23 40, www.goldbaeumchen-loosen.de
ANFAHRT: Vor dem Autohaus in Ellenz-Poltersdorf die Bundesstraße verlassen und in der Martinusstraße links abbiegen
GPS: N 50°06‘46“9, E 7°14‘05“5
Zwölf Stellflächen an einem Weingut inklusive einer Dusche und je Geschlecht einer Toilette. Bei der Betreiberfamilie ist natürlich der Einkauf von verschiedenen Weinsorten möglich. Bis zur Mosel und zur Fähre nach Beilstein sind es nur wenige Minuten Fußweg.

CAMPINGPLATZ HAPPY HOLIDAY

ADRESSE: Moselweinstrasse, 56821 Ellenz-Poltersdorf, Tel. 02673/12 72, www.camping-happy-holiday.de

▲ Wohnmobilstellplatz in Mörsdorf ▼ Oder man übernachtet im Tal.

ANFAHRT: Auf der Bundesstraße 49 bis zur Fähre nach Beilstein. Gleich nebenan befindet sich die Zufahrt zum Platz

GPS: N 50°06'35"7, E 7°14'07"8

Campingplatz mit Gaststätte direkt zwischen Bundesstraße und Moselufer. Sehr schöner Ausblick auf Beilstein und auf die weiter oben liegende Burg Metternich. Zur Autofähre nach Beilstein sind es nur wenige Meter.

WOHNMOBILSTELLPLATZ MÖRSDORF

ADRESSE: Windorfer Straße. 56290 Mörsdorf

ANFAHRT: Am Kreisverkehr in Bruttig-Fankel das Moseltal verlassen und den Serpentinen durch den Wald aufwärts folgen. Der Landstraße in Richtung Mörsdorf folgen und im Ort gleich an der ersten Möglichkeit scharf rechts abbiegen

GPS: N 50°06'16"4, E 7°20'16"4

Einfacher, aber ruhiger Schotterparkplatz am Rande des Ortes. Tagsüber mit Pkw besetzt, aber ab dem Abend wird es deutlich ruhiger und man darf auf dem Platz übernachten. Von dort wandert man rund eine halbe Stunde durch den Ort und am Informationszentrum vorbei bis zur Hängebrücke Geierlay.

DIE GESELLIGE MITTELMOSEL

Es gibt viel zu erleben in Cochem

Die Reichsburg erhebt sich stolz auf einem Weinberg oberhalb von Cochem.

Geselliges Treiben auf der Moselpromenade, der Duft von Grillfleisch und Bratwürstchen steigt in die Nase und Musik ertönt aus den zahlreichen Gastronomiebetrieben – in Cochem ist immer etwas los. Zahlreiche Veranstaltungen und Weinfeste machen die Stadt das gesamte Jahr hindurch zu einem beliebten Ausflugsziel.

An dem sehr einfachen Wohnmobilstellplatz am Moselufer blickt man auf den Bahnhof von Cochem. Klingt nicht spannend, aber immerhin kann er sich als teilweiser Fachwerkbau und mit einem Rundturm ausgestattet sehen lassen. Um ins Stadtzentrum zu gelangen, kann man natürlich den Weg am Moselufer wählen oder man biegt direkt vor dem Bahnhofsgebäude in die Ravenéstraße ein.

STADTRUNDGANG DURCH COCHEM

Es dauert nicht lange, bis sich die Straße verbreitert, und man die Altstadt von Cochem erreicht. Lebhaftes Treiben umringt einen auf dem Endertplatz, während man zunächst auf das mächtige, steinerne Enderttor zusteuern. Das Enderttor ist eines der mächtigen Stadttore Cochems und wurde in der ersten Hälfte des 14. Jahrhunderts am Ausgang des Enderttals auf Geheiß des Kurfürsten Balduin errichtet. Das Tor war der nördliche Zugang zur Stadt und schützte Cochem vor Angriffen aus dem Tal heraus. Heute ist das noch vollständig erhaltene wuchtige, steinerne Bauwerk ein Teil der Fußgängerzone. An das Tor angebaut wurde die Alte Thorschenke, die schon zu Balduins Zeiten Reisende aufnahm, denn am Tor hielten die Postkutschen, welche nach Köln und Frankfurt zogen. Dem 22 Kilometer langen Endertbach, der durch die moderne Bebauung im Umfeld des Tores kaum wahrnehmbar ist, verdankt das Stadttor seinen Namen.

Kurz dahinter erheben sich auf einem Hügel gegenüber der weithin sichtbaren Reichsburg die Gebäudeflügel des ehemaligen Kapuzinerklosters. Die Kapuziner gründeten 1623 das Kloster in Cochem in einem verlassenen Anwesen auf dem heutigen Klosterberg, das sie von Kurfürst Lothar von Metternich als Schenkung erhielten. Nach dem Abriss des baufälligen Gebäudes errichtete der Orden ein neues Klostergebäude, welches 1634 eingeweiht und bis zur Säkularisation bewohnt wurde. Anschließend diente es viele Jahre als Schulgebäude und heute als Veranstaltungsgebäude.

(13)

MIT DEM SESSELLIFT ZUM AUSSICHTSPUNKT

Alternativ kann man zunächst am Enderttor der Enderstraße folgen. Es sind nur wenige Gehminuten bis zur Talstation eines Sessellifts. Dieser Sessellift überwindet in gemütlicher Fahrt die 155 Höhenmeter zum Pinner-Kreuz, einer Felsspitze am südlichen Ortsrand. Das wunderbare Panorama – mit Blick sowohl auf die Reichsburg als auch weit in die waldreiche Landschaft von Eifel und Hunsrück – und das Terrassencafé mit einem breiten Speiseangebot laden zum Verweilen ein.
Ansonsten führt der Weg am Enderttor geradewegs durch schmale Gassen in das quirlige Zentrum von Cochem hinein. In Restaurants wie dem Landsknecht oder der Hubertusklause oder in einem der vielen Cafés und Restaurants in der Fußgängerzone kehrt man gerne ein. Mit dem historischen Marktplatz, der von zahlreichen Fachwerkhäusern umrahmt ist, erreicht man den beliebtesten Platz der Stadt. Hier lauscht

◀ Das Rathaus und die St. Martinskirche am ▲ Marktplatz in Cochem
▼ sowie die Moselpromenade machen die Stadt zu einem beliebten Ausflugsziel.

Schöner Ausblick bereits vom Tummelchen unterhalb der Reichsburg

man Straßenmusikern, taucht seine Hände in das Wasser des Brunnens und genießt den Duft frisch gebackener Waren. Zugleich scheinen der hohe, schlanke Turm der St. Martinkirche sowie die lachsfarbene Fassade des Rathauses über den Platz zu wachen. Durch eine der Seitengassen gelangt man mit wenigen Schritten ans Moselufer, wo man in einem der ältesten Häuser der Stadt in der Weinstube Beim Weinbauer bei einem Glas Wein entspannen kann.

AUF DEM WEG ZUR REICHSBURG

Doch das Highlight Cochems und damit das Wahrzeichen der Stadt ist die Reichsburg, die sich zwischen Weinreben auf einem Hügel am Südrand der Altstadt erhebt. Je nachdem, welchen Weg man einschlägt, um nach oben zu gelangen, passiert man zuvor noch auf einem kleineren Hügel den Aussichtspunkt namens Tummelchen. Auch hier sollte man kurz innehalten, denn auf der einen Seite blickt man bereits über die Dächer der Stadt, während sich auf der anderen Seite die Reichsburg in voller Pracht präsentiert. Mehrere Türme ragen in die Höhe, von denen der markante quadratische Bergfried im Zentrum der Burg das Augenmerk auf sich lenkt. Von fast jedem Punkt der Stadt aus – vom Moselufer sowieso – ist die wuchtige Burganlage zu sehen.

▲ In Cochem flaniert man am Ufer. ▼ Oder man startet zur Schifffahrt.

WO DIE D-MARK MILLIARDENFACH WEILTE

Doch Cochem bietet auch außerhalb der Altstadt interessante Sehenswürdigkeiten und Freizeitvergnügen. Zu den jüngeren Attraktionen gehört ein Bauwerk, das eigentlich schon länger bestand, allerdings lange Zeit der Geheimhaltung unterfiel. Gemeint ist der Bundesbankbunker, der im Jahr 2016 durch einen Privatinvestor der Öffentlichkeit zugänglich gemacht wurde. Die Bunkeranlage entstand in den frühen 1960er-Jahren und diente der Aufbewahrung einer Notstandswährung während des Kalten Krieges. Bis zu 15 Milliarden Deutsche Mark wurden in dem Bunker aufbewahrt, die das Land vor einer nationalen Wirtschaftskrise hätten schützen sollen. Man nahm an, dass eine große Menge an Falschgeld, hergestellt in den damaligen Ostblockstaaten, zu einer Geldentwertung hätte führen können. Abgesehen von Kontrolleuren der Bundesbank, die einmal im Quartal stichprobenartig den Bestand prüften, wurde der Bunker nie von anderen Personen betreten. Der Zugang zur Bunkeranlage erfolgte durch Wohnhäuser in einem ganz gewöhnlichen Wohnviertel im Cochemer Stadtteil Cond, die nur zur Tarnung gebaut wurden.

AUF EINEN BLICK

Info

STADT/REGION: Cochem
BESTE REISEZEIT: Ganzjährig
OPTIMALE REISEDAUER: 3–4 Tage
TOURISTINFO:
Tourist-Information Ferienland Cochem, Endertplatz 1, 56812 Cochem, Tel. 02671/6 00 40, www.ferienland-cochem.de

SEHENSWÜRDIGKEITEN

BUNDESBANKBUNKER COCHEM: Am Wald 35, 56812 Cochem, Tel. 02671/9 15 35 40, www.bundesbank-bunker.de
WILD- UND FREIZEITPARK COCHEM: Wildparkstraße 1, 56818 Klotten, Tel. 02671/60 54 40, www.klotti.de
SESSELLIFT COCHEM: Endertstraße 44, 56812 Cochem, Tel. 02671/98 90 65, www.cochemer-sesselbahn.de

◀ Blick auf die Reichsburg vom Ufer aus ▶ Das Torhaus im Fachwerkstil

AUF EINEN BLICK

REICHSBURG COCHEM: Schlossstraße 36, 56812 Cochem, Tel. 02671/2 55, www.reichsburg-cochem.de
EDELSTEINMUSEUM: Unterbachstraße 5, 56812 Cochem, Tel. 02671/42 67, www.edelsteinmuseum.info
HISTORISCHE SENFMÜHLE: Endertstraße 18, 56812 Cochem, Tel. 02671/60 76 65, www.senfmuehle.net
ST. MARTINKIRCHE: Moselpromenade 8, 56812 Cochem, Tel. 02671/74 17, www.kirche-cochem.de
KULTURZENTRUM KAPUZINERKLOSTER: Klosterberg 5, 56812 Cochem, Tel. 02671/6 09 40, www.kulturzentrum-kapuzinerkloster.de
BURGRUINE WINNEBURG: 56812 Cochem
MOSELRUNDFAHRT: Abfahrten um 11, 12.30, 14, 15.30 und 16.45 Uhr, Tel. 02673/15 15, www.moselrundfahrten.de

MOSEL-CAMPING COCHEM

ADRESSE: Stadionstraße 11, 56812 Cochem-Cond, Tel. 02671/44 09, www.campingplatz-cochem.de
ANFAHRT: Auf der Bundesstraße 49 bis Cochem und über die Nordbrücke bis zum Abzweig nach links zum Supermarkt. Hinter dem Supermarkt erneut nach links und hinab zum Moselufer
GPS: N 50°09'28"2, E 7°10'26"2
Langgezogener Campingplatz, im Norden von Cochem unmittelbar am Moselufer. In rund 20 Minuten Fußweg ist man direkt in der Altstadt von Cochem. In direkter Nachbarschaft befindet sich das Freizeitzentrum Cochem mit Freibad, Minigolfanlage und Saunalandschaft.

WOHNMOBILSTELLPLATZ COCHEM

ADRESSE: Moselstraße, 56812 Cochem
ANFAHRT: Auf der Bundesstraße 49 bis Cochem. Der Platz befindet sich zwischen den beiden Brücken direkt am Ufer.
GPS: N 50°09'11"4, E 7°10'06"2
Einfacher Parkstreifen für ca. 15 Reisemobile direkt neben der Straße. Nachts kostenlos, außerdem sehr nah an der Altstadt. Ansonsten jedoch keine weitere Ausstattung und kein Flair

Zum Campingplatz in Cochem fährt man über die Brücke.

CAMPINGPLATZ POMMERN

ADRESSE: Moselweinstraße 12, 56829 Pommern, Tel. 02672/24 61, www.campingplatz-pommern.com

ANFAHRT: Der Bundesstraße 49 ab Cochem in Richtung Treis-Karden bzw. Koblenz folgen. Der Platz befindet sich bei Pommern auf der rechten Seite.

GPS: N 50°10′07″7, E 7°15′56″5

Mit einem eigenen Schwimmbecken befindet sich dieser Campingplatz zwar mehr bei Treis-Karden als bei Cochem. Dafür lässt sich das Dortebachtal ab hier ebenfalls gut erreichen und erwandern. Ein Großteil der Parzellen erstreckt sich direkt am Moselufer.

CAMPINGPLATZ SCHAUSTEN

ADRESSE: Endertstraße 124, 56812 Cochem, Tel. 02671/75 28, www.camping-cochem.de

ANFAHRT: Die südliche Skagerrak-Brücke in Cochem unterqueren und durch die Ravenestraße und Brückenstraße in das Enderttal hineinfahren. Nach kurzer Zeit erscheint der Campingplatz auf der rechten Seite.

GPS: N 50°09'05"0, E 7°09'18"5

Kleiner, enger Campingplatz im Enderttal, von dem aus man in wenigen Gehminuten in der Altstadt von Cochem steht. Guter Ausgangspunkt für Wanderungen oberhalb des Moseltals, so zum Beispiel zur Reichsburg oder zum Wild- und Freizeitpark Klotten

SCHÖNE NEBENTÄLER DER MOSEL

Die Mosellandschaft rund um Burg Eltz

Am Ufer einfach anhalten und den Ort besichtigen – wie hier in Hatzenport

14

Hinter Cochem lassen die engen Schleifen im Moseltal deutlich nach. Der Fluss windet sich zwar immer noch ein wenig durch die Region, wird aber spürbar gerader. Gleichzeitig folgen bei Treis-Karden und bei Hatzenport zwei langgestreckte Inseln, die praktischerweise beide jeweils einen Campingplatz beherbergen. Aber auch an den Ufern existieren weiterhin Übernachtungsmöglichkeiten für Wohnmobiltouristen, so zum Beispiel im Ort Moselkern ungefähr auf halber Strecke zwischen den Inseln.

Moselkern ist Mündungsort für den kleinen Elzbach, der aus einem malerischen und waldreichen Seitental in die Mosel fließt. Der Begriff Bach ist aber leicht untertrieben. Immerhin ist der Elzbach, auch Elz genannt, fast 60 Kilometer lang. »Nicht geringer als sie streift durch fette Gebreite Segen begründend die Elz vorbei an fruchtbaren Ufern«. So beschrieb schon der römische Dichter Ausonius im 4. Jahrhundert n. Chr. den kleinen Bach in dem malerischen Tal. Der Name Elz stammt vermutlich von Els oder Else ab, was im Althochdeutschen für die Erle steht. Und die Erle ist prägend für das Ufer des Elzbachs. Sie entspringt in der Eifel, grob gesagt zwischen Daun und Nürburg, und ist der letzte größere Zufluss der Mosel, bevor diese den Rhein erreicht. Nur am Oberlauf des Flusses wird die Elz von einer Straße begleitet. Den überwiegenden Teil des Flusslaufes kann man nur zu Fuß erreichen, was eine Wanderung durch das Elztal zu etwas Besonderem macht.

Daher ist eine Wanderung vom Moselufer durch das Elztal nicht nur beliebt, sondern auch ausdrücklich empfohlen. Diese Wanderung ist, anders als so mancher Tourenvorschlag in diesem Buch, eher gemütlich, bietet kaum spektakuläre Aussichten und ist auch nicht von Weinreben und Weinbergen geprägt. Dennoch gibt es neben der wunderschönen Landschaft ein echtes Highlight auf der Tour, das man schon nach gut einer Stunde Fußweg erreicht – die Burg Eltz.

SCHÖNHEIT IN IDYLLISCHER LAGE

Auf einem 70 Meter hohen Felsmassiv, das von drei Seiten vom Elzbach umflossen wird, erhebt sich seit dem 12. Jahrhundert die stolze Burganlage. In abgeschiedener Lage, fernab jeglicher Straßen, ist die Burg seit

14

Anbeginn im Besitz der Familie Eltz. Diese paradiesische Abgeschiedenheit wäre der Burg Eltz jedoch im 14. Jahrhundert beinahe zum Verhängnis geworden: Der Trierer Erzbischof Balduin versuchte, seinen Machtbereich auszubauen und belagerte daher im Rahmen der Eltzer Fehde die Burg an ihrem einzigen Zugangsweg. Aus dieser Zeit stammt die kleine, im Auftrag von Balduin erbaute Burg Trutzeltz, deren Überreste man auf dem der Burg Eltz gegenüberliegenden Berghügel zwischen den Bäumen ausmachen kann. Der heutige Besitzer der Burg Eltz, Dr. Karl Graf und Edler Herr von und zu Eltz-Kempenich, hat es sich zur Aufgabe gemacht, einen Teil der Burg der Öffentlichkeit zu präsentieren und zeigt den Familienbesitz, welcher in 33 Generationen zusammengetragen wurde. Burg Eltz wurde übrigens überregional bekannt als Abbildung auf der Rückseite des 500-DM-Scheins.

Doch zurück zur Mosel gibt es in ihrem Tal natürlich auch noch einiges zu entdecken. Ganz nah der Ortschaft Moselkern lässt sich der Nachbarort **Müden** ebenfalls bequem zu Fuß erreichen. Zu Zeiten der Römer existierte auf dem heutigen Gebiet von Müden an der Mosel eine Siedlung namens

Eine wahre Schönheit ist Burg Eltz in einem kleinen Nebental der Mosel.

Bei einer Radtour wechselt man mit der Fähre das Flussufer zum Moselradweg.

Modinum. Erstmalig urkundlich festgehalten wurde der Name Müden jedoch erst im Jahr 585. Im heutigen Müden trifft man auf mehrere historische Fachwerkbauten, teilweise aus dem 17. Jahrhundert. Der romanische Turm der St. Stephanskirche stammt sogar aus dem 12. Jahrhundert. Friedrich Erxleben, Widerständler in der Zeit des Nationalsozialismus, war nach dem Zweiten Weltkrieg Pfarrer der Gemeinde Müden, wo ihn ein guter Freund, Bundespräsident Theodor Heuss, besuchte.

KLEINE RADELTOUR AUF DEM MOSELRADWEG

Für weitere Ortsbesichtigungen entlang der Mosel schwingt man sich besser aufs Rad und folgt dem Moselradweg. Flussaufwärts sind es ab Moselkern gute 40 Minuten auf dem Fahrrad, um zum kleinen Ort Klotten zu gelangen, wodurch man sich beinahe schon in Cochem wiederfindet. Schon im 7. Jahrhundert wurde der Moselort Klotten erwähnt, welcher von steilen Schieferwänden umgeben ist. Auf einer der Kuppen thront oberhalb von Klotten die Ruine der Burg Coraidelstein, deren Bergfried noch deutlich zu erkennen ist. Am östlichen Ortsrand von Klotten gibt es eine kleine Unterführung unter der Eisenbahnstrecke. Folgt man ihr zu Fuß, so befindet man sich im ältesten Naturschutzgebiet im Bereich der Mittelmosel. Das schmale Dortebachtal, entstanden in der letzten Eiszeit, ist Lebensraum für seltene Pflanzen und Tiere. So hat der Apollofalter hier seine Heimat genauso gefunden wie die sehr seltene und daher streng geschützte Heilpflanze Diptam. Sie ist auch als Brennender Busch bekannt, denn sie bildet so viel ätherisches Öl, dass in der Sonnenhitze brennende Gase entstehen können. Auf einer Bergkuppe oberhalb der Ortschaft erkennt man nun auch die Ruine der in der zweiten Hälfte des 10. Jahrhunderts erbauten Burg Coraidelstein, die bis zum Jahr 1830 bewohnt war.

Weinstuben machen es dem Gast so gemütlich, wie es nur geht.

Am Moselufer scheint die Fähre, die an der Promenade von Klotten ablegt und die Mosel überquert, auf den ersten Blick unsinnig zu sein, denn auf der anderen Flussseite sieht man nichts außer einem bewaldeten Steilhang. Doch die kleine Motorfähre verbindet den idyllischen Ort Klotten mit einer Straße und dem Moselradweg, die sich im dichten Wald verstecken. Hier gelangt man bei einer Radtour wieder flussabwärts durch Treis-Karden. Die dortige imposante Stiftskirche gilt als eine der bedeutendsten Gotteshäuser zwischen Trier und Koblenz und wird zuweilen auch als Moseldom bezeichnet. Sehenswert ist die Kirche vor allen Dingen wegen ihrer Altäre, insbesondere der Hochaltar sticht ins Auge und besitzt einen Altaraufsatz, der auf die erste Hälfte des 15. Jahrhunderts zurückgeht.

Auch in Treis-Karden zweigen mehrere kleine Seitentäler ab. Im Flaumbachtal erreicht man zum Beispiel das bereits bei Bruttig-Fankel beschriebene Kloster Maria Engelport, und im Dünnbachtal besteht die Möglichkeit, mit der Burg Treis eine weitere Ruine zu besichtigen.

AUF EINEN BLICK

Info

STADT/REGION: Treis-Karden und Müden
BESTE REISEZEIT: April–Oktober
OPTIMALE REISEDAUER: 2–3 Tage
TOURISTINFO:
Tourist-Info Treis-Karden, St. Castor-Straße 87, 56253 Treis-Karden, Tel. 02672/9 15 77 00, www.treis-karden.de

SEHENSWÜRDIGKEITEN

BURG ELTZ: 56294 Wierschem, Tel. 02672/95 05 00, www.burg-eltz.de
MEROWINGER-KREUZ: Kirchstraße 6, 56254 Moselkern
STIFTSKIRCHE ST. CASTOR: Lindenpl. 2, 56253 Treis-Karden
BURG TREIS: 56253 Treis-Karden
NATURSCHUTZGEBIET DORTEBACHTAL: 56818 Klotten
BURGRUINE CORAIDELSTEIN: Burgweg 6, 56818 Klotten
FAHRRADVERLEIH: St.-Castor-Straße 23, 56253 Treis-Karden, Tel. 02672/9 15 97 80
MINIGOLF: Moselallee 31, 56253 Treis-Karden

WOHNMOBILSTELLPLATZ MÜDEN/MÜDENERBERG

ADRESSE: Müdenerberg, 56254 Müden (Mosel)
ANFAHRT: Die Bundesstraße 416 am Wanderparkplatz in Müden verlassen und die Eisenbahnbrücke unterqueren. Auf der Silberstraße geht es in mehreren Serpentinen durch die Weinberge hinauf bis kurz vor die wenigen Häuser am Müdenerberg. In einer langgezogenen Linkskurve rechts bis zum Wanderparkplatz
GPS: N 50°11‘53“1, E 7°20‘26“4
Wanderparkplatz in ruhiger Waldrandlage. Keinerlei Ausstattung, dafür sind Übernachtungen im Wohnmobil offiziell erlaubt. Außerdem ist der Schotterplatz idealer Ausgangspunkt für Touren zur Burg Eltz. Diese kann man bei einer Rundwanderung (Ausschilderung vorhanden) gut erreichen. Wanderschuhe und ein wenig Kondition sind von Vorteil, da der Ab- und Aufstieg zum Teil steil ist.

AUF EINEN BLICK

CAMPING BURGEN

ADRESSE: Moselufer, 56332 Burgen, Tel. 02605/23 96, www.camping-burgen.de

ANFAHRT: Auf der Bundesstraße 49 bis Burgen. Der Platz befindet sich gleich neben der Straße im Ort.

GPS: N 50°12‘52“9, E 7°23‘23“3

Langgestreckter Campingplatz zwischen der Bundesstraße und der Mosel. Dadurch haben zahlreiche Stellflächen in der ersten Reihe freien Blick auf das Wasser. Der Ortskern ist ebenfalls schnell zu erreichen. Von dort kann man über die Bergstraße leicht zu einem Aussichtspunkt oberhalb des Ortes gelangen.

KNAUS CAMPINGPARK BURGEN/MOSEL

ADRESSE: Am Bootshafen, 56332 Burgen, Tel. 02605/95 21 76, www.knauscamp.de

ANFAHRT: Auf der Bundesstraße 49 bis zum Südrand des Ortes. Dort befindet sich direkt die Zufahrt zum Campingplatz.

GPS: N 50°12‘16“2, E 7°22‘52“2

Weitläufiger Campingplatz der Knaus-Kette, der sich unmittelbar am Ufer der Mosel erstreckt. Der größere Teil des Platzes ist durch Bäume ausreichend vor der Bundesstraße geschützt. Einige wenige Stellflächen des dazugehörigen Reisemobilstellplatzes befinden sich gleich neben der Straße.

CAMPINGPLATZ ZUR BURG ELTZ

ADRESSE: Moselstraße 39, 56254 Moselkern, Tel. 02672/9 13 58 61, www.camping-burg-eltz.de

ANFAHRT: Auf der Bundesstraße 416 bis Moselkern. Dort befindet sich der Campingplatz am Ortsausgang direkt neben der Straße.

GPS: N 50°11‘24“5, E 7°22‘04“4

Der Name des überschaubaren Campingplatzes ist etwas irreführend. Zwar handelt es sich um den nächstgelegenen Campingplatz zur Burg Eltz, doch ist die Burg trotzdem rund 4,5 Kilometer Fußweg vom Platz entfernt. Dafür kann man jedoch direkt durch das Eltztal

◀ Campingplatz auf einer Insel ▲ Vom Stellplatz Müden wandert man zur Burg Eltz. ▼ Manchmal kann man auch einfach am Ufer parken.

zur Burg wandern. Der Eltzbach mündet nämlich gleich neben dem Campingplatz in die Mosel.

CAMPINGPLATZ MOSEL-ISLANDS

ADRESSE: Am Laach, 56253 Treis-Karden, Tel. 02672/26 13, www.mosel-islands.de

ANFAHRT: Auf der Bundesstraße 416 oder 49, je nach Richtung, bis zur Brücke bei Treis-Karden. Diese überqueren und auf der Hauptstraße durch den Ort der Beschilderung zum Campingplatz und zum Gewerbegebiet folgen. An der Gabelung halbrechts

GPS: N 50°10‘14“5, E 7°17‘34“0

Der Name ist Programm, da der Platz beinahe eine ganze Insel umfasst. Im östlichen Bereich befindet sich zudem noch ein Bootshafen. Der Platz ist mit Restaurant und allen weiteren notwendigen und üblichen Einrichtungen komplett ausgestattet. An der westlichen Spitze der Insel bieten ein Bolzplatz und eine große Wiese jede Menge Spiel- und Sportmöglichkeiten. Einkaufsmöglichkeiten befinden sich gleich gegenüber am Moselufer, das über eine Brücke mit der Insel verbunden ist.

WO DIE MOSEL IHR ENDE FINDET

Viele Ausflugsmöglichkeiten rund um Koblenz

In der Regel überquert man die Mosel auf einer der vielen Brücke.

15

Mit Koblenz und dem Erreichen des Rheins endet die Reise entlang der Mosel. Die Stadt und ihr Umfeld bieten natürlich zahlreiche Möglichkeiten zur Besichtigung und zu Freizeitaktivitäten in allen Himmelsrichtungen.

Doch bevor es soweit ist, erlebt man im Moseltal noch einige kleinere Ortschaften und Sehenswürdigkeiten. Ein sehr kleines Seitental kann man zum Beispiel bei Hatzenport besuchen, wo der Campingplatz eine ganze Insel für sich hat. Das Schrumpftal ist ein kleines, enges Tal, welches sich an der Mosel bei Hatzenport weitet und vom schmalen Schrumpfbach durchflossen wird. Schon früh wurde das Tal schriftlich erwähnt. Der Name Schromp, Scrumpe oder Schrumff ist vermutlich auf eine frühere Schlacht mit den Hunnen zurückzuführen, in der die Unterlegenen dezimiert wurden, ihre Zahl also geschrumpft ist. Ob dies eine Legende ist, sei dahingestellt. Fest steht aber, dass der Schrumpfbach einst mehrere Mühlen antrieb. Im 16. Jahrhundert sollen es mindestens fünf an der Zahl gewesen sein.

Heute findet in dem kleinen Tal alle zwei Jahre das Fest »Schromb macht Spaß – Happy Schrumpftal« statt, bei dem kunsthandwerkliche Produkte präsentiert werden und Künstler auftreten.

Tipp

KLEINE WEINORTE AUF DEN LETZTEN KILOMETERN DER MOSEL

Etwas weiter moselabwärts und auf der anderen Seite des Flusses befindet sich Alken. Der heute staatlich anerkannte Ferienort an der Mosel wurde bereits im 10. Jahrhundert erstmalig erwähnt. Alken gehörte bis ins 13. Jahrhundert zur Pfalzgrafschaft, doch diese verlor den Ort nach langer Belagerung der Burg Thurant an die Erzbischöfe von Trier und Köln. Kurtrier und Kurköln verwalteten Alken daraufhin gemeinsam bis in das 18. Jahrhundert. Heute ist Alken mit seinen schmucken Gassen am steilen Berg unterhalb der Burg ein beliebtes Urlaubsziel. Um die Wende zum 12. Jahrhundert ließ Pfalzgraf Heinrich der Lange die Burg Thurant auf einem schmalen Bergsporn errichten. Er gab ihr den Namen, der auf die libanesische Festung Thuron zurückgeht, die Heinrich zuvor erfolg-

Stolz und einladend wirkt das breite Schloss im Zentrum von Koblenz.

los belagert hatte. Im Gegensatz zur Festung im Libanon hielt die Burg Thurant einer Belagerung jedoch nicht stand und konnte im Jahr 1248 von den Trierer und Kölner Erzbischöfen in einer Gemeinschaftsaktion eingenommen werden. Man ließ eine Mauer in der Burg errichten und trennte die Anlage in einen kurkölnischen und einen kurtrierischen Bereich. Beide Hälften besaßen einen eigenen Eingang, einen eigenen Bergfried und sogar jeweils einen eigenen Verwalter. Nach zahlreichen Zerstörungen, unter anderem durch napoleonische Truppen, dienten die Gemäuer teilweise als Steinbruch. Die beiden Bergfriede und ein Wohnhaus konnten jedoch erhalten werden und sind heute in Privatbesitz, können aber dennoch besichtigt werden.

Auf dem weiteren Weg in Richtung Koblenz, sei es mit dem Wohnmobil oder auf dem Moselradweg, passiert man die Ortschaft **Oberfell**, die Ausgangspunkt für die Wanderung auf dem Traumpfad Bleidenberger Ausblicke ist. Alternativ kann man gegenüber der Ortschaft den Ausoniusstein erklimmen, der ebenfalls wunderbare Ausblicke auf das Moseltal ermöglicht. Im folgenden Kobern-Gondorf kann man praktischerweise direkt vom Wohnmobilstellplatz an der Mosel aus zur Ruine der Niederburg spazieren gehen. Auch sie bietet eine schöne Aussicht über den Ort mit seinem überschaubaren Marktplatz. Malerisch geht es im letzten nennenswerten Ort vor Koblenz zu. Nach Unterquerung der Moseltalbrücke erreicht man am linken Moselufer **Winningen**.

Trotz der Brücke zeigt sich die Ortschaft auch von ihrer ansehnlichen Seite. Wie verhext ist es dabei nicht, wenn man zwischen den liebevoll gepflegten Fachwerkhäusern von Winningen schlendert und immer wieder auf das Zeichen einer Hexe stößt. Besonders auffällig ist der Weinhexbrunnen mitten auf dem kleinen Dorfplatz, der an die Hexenverfolgungen des Mittelalters erinnert. Neben diesem Brunnen besitzt Winningen etwas außerhalb der Ortschaft aber auch das älteste Hexendenkmal Deutschlands, welches 1925 auf dem Hexenberg errichtet wurde. Bei so vielen Hexen verwundert es nicht, dass auch die Weingroßlage bei Winningen den Namen Weinhex trägt.

ANKUNFT AM RHEIN IN KOBLENZ

Mit den Ortsteilen Karthause und Güls, wo sich ein netter Campingplatz befindet, gelangt man schließlich in das Stadtgebiet von Koblenz. Wer mitten im Geschehen der Stadt und im wahrsten Sinne des Wortes am Ende der Mosel übernachten möchte, wählt hingegen den Camping- und Wohnmobilstellplatz an der Mündung in den Rhein, gleich gegenüber vom Deutschen Eck. Zentraler geht es wirklich nicht.

MIT DER SEILBAHN ÜBER DEN RHEIN

Vom Deutschen Eck aus blickt man auf die andere Rheinseite, wo sich hoch über dem Wasser eine stolze Festung ausbreitet, die mit einer Seilbahn vom Rheinufer aus erreichbar ist. Bei der Seilbahnfahrt lohnt es sich, ein wenig in die lange Geschichte von Ehrenbreitstein zu blicken. Denn schon die Kelten hatten diesen strategisch gelegenen Felskopf 1 000 v. Chr. durch eine Fliehburg gesichert, sodass heute Ehrenbreitstein als der einzige deutsche Ort mit einer 3 000-jährigen Kontinuität der »Fortifikation«, also einer militärischen

◀ Burg Thurant oberhalb von Alken ▶ Zentrum von Kobern-Gondorf

Befestigung, gilt. Doch seinen Namen erhielt der Bergrücken erst, als der Edle Erembert oder Ehrembrecht im 10. Jahrhundert eine Burg baute, die schon bald Ehrenbrechtstein und später Ehrenbreitstein genannt wurde. Am Fuße des Bergrückens entstand dann das gleichnamige Städtchen. Die kurtrierische Festung Ehrenbreitstein ersetzte im 16. Jahrhundert die Burg aus dem 11. Jahrhundert. Sie wurde im Laufe der Jahrhunderte immer wieder ausgebaut und erweitert. Anfang des 17. Jahrhunderts, während des Dreißigjährigen Krieges, verlegte Philipp Christoph von Sötern seine Residenz aus dem unsicher gewordenen Trier hierher, und Ehrenbreitstein wurde zur Residenzstadt. Mehreren Belagerungen durch französische Truppen Ende des 18. Jahrhunderts hielt die Festung stand, musste dann aber doch aufgegeben werden. Die Franzosen sprengten sie, wobei das beeindruckende Residenzschloss Philippsburg, einer der größten Barockbauten am Rhein unterhalb der Festung, so sehr zerstört wurde, dass es abgerissen werden musste. Doch im Jahr 1815 begann die preußische Regierung damit, die Festung Ehrenbreitstein wieder aufzubauen. Sie bildete den Mittelpunkt der Festung Koblenz, einer der größten Abwehranlagen am Rhein, die im 19. Jahrhundert den Ruf hatte, uneinnehmbar zu sein. Seit 1937 ist Ehrenbreitstein ein Stadtteil von Koblenz und im Gegensatz zur Stadt Koblenz, die im Zweiten Weltkrieg beinahe komplett zerstört wurde, erlitt die Festung kaum Schäden. Im Jahr 2011 waren der Stadtteil und die Festung Hauptveranstaltungsorte der Bundesgartenschau. Die Festung beherbergt heute das Landesmuseum Koblenz und im südlichen Abschnitt eine Jugendherberge.

STADTRUNDGANG DURCH KOBLENZ

Bei einem Rundgang über das weitläufige Gelände besteigt man auch die Aussichtsplattform, von der man wunderbar auf die Moselmündung blicken kann. Einen noch besseren Blick hat man aber von den Burgmauern der Festung. Nach der Rückfahrt mit der Seilbahn sollte man noch jede Menge Zeit für die Besichtigung der Altstadt einplanen, was auch gleichzeitig ein gutes Stichwort ist. Denn der Plan ist der zentrale Platz der Koblenzer Innenstadt. Seinen Namen hat der Plan ganz schlicht aus der Tatsache heraus, dass es sich dabei um den ersten eben – also plan – gebauten Platz von Koblenz handelt.

◀ Seilbahn hinauf zur Burg Ehrenbreitstein ▲ Am Deutschen Eck mündet die Mosel von links in den Rhein. ▼ Blick über den Rhein zur Burg Ehrenbreitstein

Geht man am Plan geradeaus, gelangt man nach kurzer Zeit zur Schlossstraße, die geradewegs auf den Schlossplatz zuläuft. Der bereits erwähnte Clemens Wenzeslaus von Sachsen, letzter Kurfürst und Erzbischof von Trier, ließ das Schloss als Residenz für sich errichten. Das breite Bauwerk präsentiert sich mit einem sehenswerten Außenbereich, der sich hinter dem Gebäude bis zum Rheinufer fortsetzt. Biegt man hier nach links ab, gelangt man nach kurzer Zeit wieder zum Deutschen Eck. Unterwegs locken jedoch jede Menge Fahrgastschiffe mit Touren auf der Mosel und dem Rhein, zum Beispiel nach Lahnstein, wo sich Burg Lahneck und Schloss Stolzenfels besichtigen lassen. Diese gehören aber bereits zum Weltkulturerbe Mittelrhein, das sich fortan in südliche Richtung erstreckt.

AUF EINEN BLICK

Info

STADT/REGION: Koblenz
BESTE REISEZEIT: Ganzjährig
OPTIMALE REISEDAUER: 3–4 Tage
TOURISTINFO:
Koblenz Touristik, Zentralpl. 1, 56068 Koblenz,
Tel. 0261/1291610,
www.koblenz-touristik.de

SEHENSWÜRDIGKEITEN

DEUTSCHES ECK: Konrad-Adenauer-Ufer, 56068 Koblenz
FESTUNG EHRENBREITSTEIN: 56077 Koblenz, Tel. 0261/66 75 40 00, www.diefestungehrenbreitstein.de
SEILBAHN KOBLENZ: 56077 Koblenz, Tel. 0261/20 16 58 50, www.seilbahn-koblenz.de
LANDESMUSEUM KOBLENZ: Festung Ehrenbreitstein, 56077 Koblenz, Tel. 0261/6 67 50, www.tor-zum-welterbe.de
LUDWIG MUSEUM IM DEUTSCHHERRENHAUS: Danziger Freiheit 1, 56068 Koblenz, Tel. 0261/3 04 04 16, www.ludwigmuseum.de
LIEBFRAUENKIRCHE: An der Liebfrauenkirche 16, 56068 Koblenz, Tel. 0261/3 15 50, www.liebfrauen-koblenz.de
FLORINSKIRCHE: Florinsmarkt 23, 56068 Koblenz
SCHLOSS KOBLENZ: Neustadt 24, 56068 Koblenz, Tel. 0261/9 14 81 11, www.koblenz-kongress.de
MITTELRHEINMUSEUM KOBLENZ: Zentralpl. 1, 56068 Koblenz, Tel. 0261/1 29 25 20, www.mittelrhein-museum.de
MOSELLUM – ERLEBNISWELT FISCHPASS: Peter-Altmeier-Ufer 1, 56073 Koblenz, Tel. 0261/95 23 40 30, www.moselleum.rlp.de
RHEINISCHES FASTNACHTSMUSEUM: Am Fort Konstantin, 56075 Koblenz, Tel. 0261/5 79 65 90, www.fastnachtsmuseum-koblenz.de
HEIMATMUSEUM GÜLS: Gulisastraße 4, 56072 Koblenz, Tel. 0261/9 42 54 92, www.heimatmuseum-guels.de
KULTURHISTORISCHES MUSEUM WINNINGEN: Schulstr. 5, 56333 Winningen, Tel. 02606/96 25 64, www.museum-winningen.de
KANU- UND SUP-VERLEIH: Fährstr. 1, 56333 Winningen,

▲ Aussichtsplattform an der Burg Ehrenbreitstein ◀ Deutsches Eck
▶ Auf die meisten Parkplätze passen aber auch größere Wohnmobile.

Tel. 0171/3 10 07 25, www.kanuverleih-winningen.de
BURG THURANT: 56332 Alken, Tel. 02605/20 04, www.thurant.de
NIEDERBURG KOBERN: Mühlental 7, 56330 Kobern-Gondorf
SCHLOSS STOLZENFELS: Schlossweg 11, 56075 Koblenz, Tel. 0261/5 16 56, www.schloss-stolzenfels.de
MOSELRUNDFAHRTEN ZWISCHEN KOBLENZ UND COCHEM: Tel. 02673/15 15, www.moselrundfahrten.de
PANORAMARUNDFAHRTEN AB KOBLENZ: Tel. 0261/6 31 27, www.gilles-personenschifffahrt.de
KÖLN-DÜSSELDORFER DEUTSCHE RHEINSCHIFFFAHRT MIT FAHRTEN AUF MOSEL UND RHEIN: Tel. 06131/61 04 51, www.kd-rhein-main.de

AUF EINEN BLICK

KNAUS CAMPINGPARK KOBLENZ RHEIN/MOSEL

ADRESSE: Schartwiesenweg 6, 56070 Koblenz, Tel. 0261/8 27 19, www.knauscamp.de

ANFAHRT: Auf der Bundesstraße 9 nördlich der Mosel bis zur Ausfahrt in Richtung Neuendorf. Über Eifelstraße und Andernacher Straße in den Ortsteil hinein. Kurz vor dem Rheinufer in die Neuendorfer Straße und ihr bis zum Campingplatz folgen

GPS: N 50°21'58"1, E 7°36'14"1

Gleich gegenüber vom Deutschen Eck und direkt an der Mündung der Mosel. Der gut ausgestattete Campingplatz erstreckt sich überwiegend am Rheinufer, doch ein dazugehöriger Wohnmobilstellplatz vor der Schranke bietet Blick auf die Mosel und auf das Reiterdenkmal auf der anderen Flussseite. Ideale Lage auch für die jährliche Veranstaltung Rhein in Flammen. Eine kleine Fußgängerfähre legt keine 100 Meter vom Stellplatz entfernt ab und pendelt zum Südufer der Mosel, von wo aus man in weniger als zwei Minuten am Deutschen Eck steht und bequem die Koblenzer Innenstadt erreicht.

CAMPINGPLATZ GÜLSER MOSELBOGEN

ADRESSE: Am Gülser Moselbogen 20, 56072 Koblenz, Tel. 0261/4 44 74, www.moselbogen.de

ANFAHRT: Ab Koblenz über die Bundesstraßen 9 und 416 am Nordufer der Mosel durch den Koblenzer Ortsteil Güls

GPS: N 50°19'55"7, E 7°33'11"4

Deutlich außerhalb von Koblenz befindet sich dieser Campingplatz in ruhiger Lage am Ortsrand von Koblenz-Güls. Zwischen Campingplatz und Mosel hat man ein 2 000 Quadratmeter großes Wiesenstück zu einem einfachen Strandbad mit Liegewiese und Zugang zum Wasser umgestaltet. 70 großzügig dimensionierte Stellflächen, teils unter Bäumen, stehen zur Verfügung sowie ein Bistro mit Außenterrasse.

CAMPINGPLATZ FERIENINSEL WINNINGEN

ADRESSE: Inselweg 10, 56333 Winningen, Tel. 02606/18 00, www.mosel-camping.com

Etwas unruhig, aber praktisch – Wohnmobilstellplatz Kobern-Gondorf

ANFAHRT: Auf der Bundesstraße 416 ab Koblenz durch Winningen und vor der Moseltalbrücke links auf die Halbinsel fahren
GPS: N 50°18'41"5, E 7°29'59"5
Auf der einen Seite die Mosel, auf der anderen Seite ein Sportboothafen mit Hafenrestaurant direkt an der Marina – so präsentiert sich der Campingplatz auf der Ferieninsel. Wer auf der spitz zulaufenden Insel sein Wohnmobil auf der einzigen Parzelle an der Inselspitze abstellen möchte, muss natürlich entsprechend Glück haben. Aber auch die anderen Parzellen sind schön gelegen und bieten Blick auf das Wasser. Der Platz bietet vom Gasflaschentausch bis zum Shop und Restaurant alles, was man erwartet.

WOHNMOBILSTELLPLATZ KOBERN-GONDORF

ADRESSE: Kalkofenstraße, 56330 Kobern-Gondorf
ANFAHRT: Auf der Bundesstraße 416 durch Kobern-Gondorf, links in Richtung Brücke und Niederfell abbiegen, aber nicht auf die Brücke, sondern sofort wieder links in die Straße Kalkofen einbiegen
GPS: N 50°18'18"9, E 7°27'38"3
Einfacher Stellplatz zwischen Moselufer und Bundesstraße. Daher auch mit entsprechender Geräuschkulisse. Dafür ist er jedoch sehr günstig, bietet Blick auf die Mosel und ist fußläufig von der kleinen Innenstadt sowie von der Ruine der Niederburg entfernt. Zudem ist eine komplette Ver- und Entsorgungsmöglichkeit gegeben.

RUND UM DIE MOSELREGION

Genussvolle Abstecher abseits des Tals

Auch das Rheintal ist, wie hier an der Loreley, reizvoll für Campingurlaub.

16

Der Fluss ist in der Moselregion natürlich Anziehungspunkt Nummer 1. Aber es gibt auch besondere Sehenswürdigkeiten in der Eifel und im Hunsrück, die man nach einer kurzen Wohnmobilfahrt ab der Mosel erreichen kann und die eben nicht direkt am Fluss liegen. Der Meulenwald und die Hängeseilbrücke Geierlay wurden bereits in den vorherigen Routen beschrieben. Hier folgt aber noch mehr.

Der Unterlauf der Saar ist zum Beispiel eine ebenfalls besuchenswerte Region. Von Konz, südlich von Trier, wo die Saar in die Mosel mündet, folgt man der Saar weniger als eine Viertelstunde, bis man das nette Städtchen Saarburg erreicht. Idealerweise gibt es hier einen ausreichend großen Wohnmobilstellplatz, auf dem man sein Fahrzeug abstellen kann und schon geht es zu Fuß entlang des Flussufers bis zur Brücke, mit der man in die nette Altstadt gelangt. Über ihr thront die gleichnamige Burganlage, die mit einem kurzen Aufstieg erreicht werden kann. Den Ausblick von oben sollte man sich nicht entgehen lassen. Gleiches gilt aber auch für den Besuch der Altstadt, die vor allen Dingen von dem kleinen Fluss Leuk geprägt wird. Flankiert von mehreren Straßencafés stürzt die Leuk hier in die Tiefe und bildet mitten im Ort einen Wasserfall. Gleich daneben lädt das Amüseum zu einem Besuch ein, um einen Einblick in die Geschichte traditioneller Saarburger Handwerksberufe zu erlangen.
Und wem die Aussicht von der Burganlage noch nicht gereicht hat, der kann sogar einen Sessellift besteigen und sich auf den Warsberg befördern lassen. Hinab geht es dann entweder zu Fuß an einigen Aussichtspunkten oberhalb der Weinberge vorbei oder man steigt um und nutzt die Sommerrodelbahn, um mit ordentlichem Gefälle durch den Wald und durch zahlreiche Kurven hinab zu gleiten.

BESUCH AM HÖCHSTEN BERG VON RHEINLAND-PFALZ

Eine weitere Sommerrodelbahn gibt es, wenn man das Moseltal bei Leiwen verlässt und nach einer halben Stunde den Erbeskopf erreicht. Mit ihm geht es sogar hinauf auf 816 Metern Höhe. Er ist der höchste Berg in Rheinland-Pfalz und damit auch der höchste Punkt auf dem Saar-Hunsrück-Steig, der als Fernwanderweg durch die Region verläuft. Auf dem

16

Gipfel des Erbeskopf lädt die Kunstinstallation namens Windklang als Aussichtsplattform zu einem Fernblick in Richtung Norden, also in Richtung Mosel, ein. Zu sehen ist sie allerdings nicht. Am Nordhang informiert außerdem das Hunsrückhaus als sogenanntes Nationalparktor über den **Nationalpark Hunsrück-Hochwald.** Er ist der 16. und zugleich jüngste Nationalpark in Deutschland. Eröffnet wurde er im Jahr 2015 mit dem Ziel drei Viertel der Fläche zur Wildnis werden zu lassen. Menschliche Eingriffe in dem waldreichen Gebiet sind daher nicht geplant. Man passiert das Häuschen, welches zum Nationalpark gehört, automatisch beim steilen Abstieg vom Erbeskopf.

Während der Erbeskopf der höchste Gipfel in Rheinland-Pfalz ist, befindet sich nahe der Ortschaft **Bärenbach** der geografische Mittelpunkt des Bundeslandes. Ab Zell an der Mosel ist man in gut 20 Minuten vor Ort. Auf dem Weg dorthin passiert man ganz nebenbei den Flughafen Frankfurt-Hahn. Der Name des Airports ist natürlich völlig verwirrend, denn die Mainmetropole liegt nicht nur über eineinhalb Stunden Fahrzeit von Frankfurt entfernt, sondern auch noch im benachbarten Bundesland Hessen. Der Name des Flughafens ist daher nur werbewirksam gewählt worden. Die Geschichte des Airports begann wenige Jahre nach dem Zweiten Weltkrieg, als die US-amerikanische Luftwaffe den Flughafen von der französischen Besatzungsmacht übernahm. Nach dem zweiten Golfkrieg gaben die Amerikaner den Stützpunkt auf und er wurde der zivilen Luftfahrt übergeben. Im Oktober 2021 musste die Flughafenverwaltung Insolvenz anmelden. Doch zurück zum geografischen Mittelpunkt von Rheinland-Pfalz. Obwohl er sich naturgemäß im Zentrum von Rheinland-Pfalz befindet, besticht er vor allen Dingen durch seine Ruhe und Abgeschiedenheit. In direkter Waldrandlage ist er ein guter Ausgangspunkt für kleine Wanderungen und Spaziergänge. Neben dem Findling, an dem eine Plakette auf seine Bedeutung hinweist, befindet sich ein Picknickplatz mit Grillhütte. Hier kann man also einen ruhigen, gemütlichen Nachmittag verbringen.

KLETTERN AM RHEIN

Die Südseite des Moselgebiets verläuft spitz in Richtung Norden nach Koblenz zu, denn weiter östlich wird die Landschaft vom Rhein begrenzt.

◀ Wasserfall in Saarburg ▶ Zum Geysir in Andernach fährt man per Schiff.

Auch dorthin lohnen sich natürlich Abstecher. Ab Brodenbach an der Mosel ist man beispielsweise in gerade mal einer halben Stunde in Sankt Goar und damit an der legendären Loreley, die geradezu für das Mittelrheintal steht. Noch schneller, nämlich nach gut 20 Minuten, blickt man schon bei **Boppard** auf den Rhein. Hier ist man genau richtig, wenn einem die Klettersteige an der Mosel nicht ausgereicht haben und man sich noch mehr Adrenalinstöße wünscht. Denn auch in Boppard lädt ein Klettersteig zu abenteuerlichen Touren ein. Anders als an der Mosel kann man hier aber nicht einfach losziehen und den Steig begehen. Vielmehr ist es erforderlich, dass man sich gegen eine geringe Leihgebühr an der Aral-Tankstelle ein Klettersteigset mietet und dieses dann entsprechend nutzt. Das setzt selbstverständlich auch Erfahrungen, Trittsicherheit und Schwindelfreiheit voraus. Auch der eher herkömmliche Wanderweg namens Ripp hat es in sich und erfordert nicht nur festes Schuhwerk, sondern auch Erfahrung. Wer es gemächlicher angehen möchte, kann hier aber so wie schon in Saarburg, den Sessellift besteigen und sich auf die Hänge am Rheinufer bringen lassen. So oder so ist die Aussicht über die Rheinschleife bei Boppard mehr als beeindruckend.

ISLAND, YELLOWSTONE UND EIFEL

Auch die Landschaft nördlich der Mosel bietet vielfältige Abwechslung. Hierbei handelt es sich natürlich nicht mehr um den Hunsrück, sondern um die Eifel und die ist bekannt für ihre Maare und Vulkangeschichte. Von Kobern-Gondorf an der Mosel benötigt man gerade einmal eine Viertel-

Das Mittelrheintal bietet Weinberge, schroffe Felswände und malerische Orte.

stunde nach Plaidt, wo man im Vulkan-Infozentrum einen ersten Eindruck und erste Informationen über die Vulkanlandschaft erlangen kann. Plaidt ist außerdem der Nachbarort von Andernach, bei dem man schon wieder am Ufer des Rheins unterwegs ist. Gleich neben dem großen und beliebten Wohnmobilstellplatz mit Blick auf das Wasser legt ein ganz besonderes Schiff ab. Das kleine Ausflugsboot fährt nämlich nicht einfach nur so auf dem Fluss entlang, sondern bringt die Passagiere zum Naturschutzgebiet Namedyer Werth. Dort ist es von der Anlegestelle nur ein kurzer Fußweg zum **Kaltwassergeysir Andernach**. Mit einer Auswurfhöhe von bis zu 60 Metern ist er wahrlich beeindruckend und der höchste Kaltwassergeysir der Welt. Geysire wie in Island und im US-amerikanischen Yellowstone Nationalpark sind zwar höher, aber an dessen Wasser würde man sich die Finger verbrühen.

VULKANGESCHICHTE IN DER EIFEL

Dass die Region vulkanischen Ursprungs ist und sogar heute noch aktiv, zeigt auch der Laacher See, an dessen Ufer sich die berühmte **Abtei Maria Laach** erhebt. Der See ist der größte in Rheinland-Pfalz und befindet sich in einer sogenannten Caldera, also in einer Art Kessel, der durch vulkanische Tätigkeit entstanden ist. Der Vulkan brach vor ca. 13.000 Jahren aus, in erdgeschichtlicher Zeit ist das weniger als ein Wimpernschlag, und noch heute kann man beim Spaziergang rund um den See blubbernde Ausgasungen an der Wasseroberfläche erkennen. Zurück zur Mosel ist man von der Abtei

16

Maria Laach ebenfalls in nur 20 Minuten.
Wer bei Bremm auf dem Calmont-Klettersteig die Mosel bewundert hat, kann anschließend mit einer etwas mehr als halbstündigen Wohnmobilfahrt weitere vulkanische Seen besuchen. Südlich von Daun reihen sich mehrere Maare aneinander und bilden die Dauner Maare. Ein Aussichtsturm und mehrere Wanderwege machen die Gewässer erlebbar. Man sieht dort auf einem Hügel außerdem das Maarkreuz, das sich ebenfalls im Rahmen einer Wanderung erreichen lässt und einen wunderbaren Ausblick auf das Maar und die Ortschaft Schalkenmehren offenbart. Es ist heute ein beliebtes Ausflugsziel und ein Wahrzeichen von Schalkenmehren bzw. der Maare. Errichtet wurde es im Jahr 1932, wie eine kleine Plakette am Fuße des Kreuzes verrät.

WEITERE BURGEN IN MANDERSCHEID

Hinweisschilder verraten ebenfalls, dass man sich hier auf dem Eifelsteig befindet. Fernwanderer werden hier ihre Freude haben, wenn sie in die Wanderschuhe schlüpften und bis zum Zielort des Eifelsteigs nach Trier an der Mosel wandern. Allerdings erfordert das ein wenig mehr Planung, denn das Wohnmobil lässt man ja nicht einfach so stehen. Aber bei dieser Wanderung käme man dann auch durch Manderscheid, einen weiteren sehenswerten Ort in der Eifel, insbesondere durch die beiden Manderscheider Burgen.

◀ Die Loreley am Rhein ▶ Am Erbeskopf schaut man in die Ferne.

AUF EINEN BLICK

Info

STADT/REGION: Hunsrück und Eifel
BESTE REISEZEIT: April-Oktober
OPTIMALE REISEDAUER: 3-4 Tage
TOURISTINFO: Eifel Tourismus, Kalvarienbergstr. 1, 54595 Prüm, Tel. 06551/9 65 60, www.eifel.info und Hunsrück Touristik GmbH, Gebäude 663, 55483 Hahn-Flughafen, Tel. 06543/50 77 00, www.hunsruecktouristik.de

SEHENSWÜRDIGKEITEN

SAARBURG: Am Markt, 54439 Saarburg
AMÜSEUM SAARBURG: Am Markt 29, 54439 Saarburg, Tel. 06581/99 46 42, www.amuseum-saarburg.de
SOMMERRODELBAHN: In den Urlaub 9, 54439 Saarburg, Tel. 06581/99 66 70, www.sommerrodelbahn-saarburg.de
HUNSRÜCKHAUS: Hunsrückhaus, 54426 Hilscheid, Tel. 06504/7 78, www.hunsrueckhaus.de
SOMMERRODELBAHN ERBESKOPF: Wintersportzentrum Erbeskopf, 54426 Hilscheid, Tel. 0176/12 00 41 50, www.erlebnis-hunsrueck.de
GEOGRAFISCHER MITTELPUNKT: 55483 Bärenbach
KLETTERSTEIG BOPPARD: St. Remigusplatz, 56154 Boppard, Tel. 06742/38 88, www.traumsteige.com
GEYSIR ANDERNACH: Konrad-Adenauer-Allee 40, 56626 Andernach, Tel. 02632/9 85 00 80, www.geysir-andernach.de
ABTEI MARIA LAACH
DAUNER MAARE

REISEMOBILPARK SAARBURG

ADRESSE: Am Saarufer 18, 54439 Saarburg, Tel. 01511/5 80 20 80, www.reisemobilpark-saarburg.de
ANFAHRT: Auf der Bundesstraße 51 ab Konz bis kurz vor der Brücke über die Saar. Dort rechts abfahren und gleich an der nächsten Möglichkeit wieder nach rechts.
GPS: N 49°36‘05“8, E 6°33‘17“3

◀ Direkt am Wasser steht man hier in Saarburg … ▶ oder in Andernach.

Großer Platz direkt am rechten Ufer der Saar. Nur zehn Minuten Fußweg entlang des Uferwegs bis in das Stadtzentrum. Ruhige Lage, Sanitär vorhanden und morgens mit Brötchenservice.

WOHNMOBILSTELLPLATZ ANDERNACH

ADRESSE: Uferstraße 5, 56626 Andernach, Tel. 02632/2 53 60, www.perspektive-andernach.de
ANFAHRT: Auf der Bundesstraße 9 nach Andernach und auf der Aktienstraße durch den Ort. Im Kreisverkehr der Werfstraße folgen und durch Koblenzer Straße (nach links) und Konrad-Adenauer-Allee (nach rechts) bis zum Stellplatz und Rheinufer.
GPS: N 50°26‘29“4, E 7°24‘28“2
Äußerst beliebter und dadurch stets gut besuchter Stellplatz direkt am Ufer des Rheins. Gleich neben einem Großparkplatz und neben dem Anleger für das Passagierschiff zum Kaltwassergeysir.

WOHNMOBILPARK VULKANEIFEL

ADRESSE: Wohnmobilplatz, 54552 Schalkenmehren, Tel. 06592/6 15 97 80, www.wohnmobilpark-vulkaneifel.de
ANFAHRT: Auf der Autobahn 1 bis zur Ausfahrt Mehren, weiter auf der Bundesstraße 421 bis Mehren und an der ersten Möglichkeit nach links. Der Straße Am Zuckerberg und der Schalkenmehrener Straße bis zum Platz auf der rechten Seite folgen.
GPS: N 50°10‘11“1, E 6°52‘18“3
Relativ junger Stellplatz, der im Sommer 2020 seine Pforten öffnete. Sanitär vorhanden. Der Platz erhielt eine Auszeichnung für barrierefreies Reisen.

ORTS- UND SACHREGISTER

CAMPING- UND STELLPLÄTZE

IMPRESSUM

Verantwortlich: Kerstin Thiele
Lektorat: Marion Landwehr, Maren Langendorff
Layout- und Umschlaggestaltung: Helene Schumacher
Satz: Silke Schüler
Repro: LUDWIG:media
Kartografie: Huber Kartografie
Herstellung: Anna Katavic

Printed in Slovenia by Florjancic

Unser komplettes Programm finden Sie unter www.bruckmann.de

★★★★★

Sind Sie mit diesem Titel zufrieden? Dann würden wir uns über Ihre Weiterempfehlung freuen. Erzählen Sie es im Freundeskreis, berichten Sie Ihrem Buchhändler, oder bewerten Sie bei Onlinekauf. Und wenn Sie Kritik, Korrekturen, Aktualisierungen haben, freuen wir uns über Ihre Nachricht an Bruckmann Verlag, Postfach 40 02 09, D-80702 München oder per E-Mail an lektorat@verlagshaus.de.

In diesem Buch wird aus Gründen der besseren Lesbarkeit das generische Maskulinum verwendet. Weibliche und anderweitige Geschlechteridentitäten werden dabei ausdrücklich mitgemeint, soweit es für die Aussage erforderlich ist.

Bildnachweis: Alle Bilder im Innenteil und auf der Umschlagrückseite stammen vom Autor, außer: S. 9, S. 47 und S. 61: Shutterstock/wsf-s; S. 50: Shutterstock/Werner Leeroy; S. 53 re. oben: Shutterstock/Volker Rauch; S. 57: Shutterstock/travelview; S. 63: Shutterstock/Chrislofotos, Illustrationen: Shutterstock/Tiwat K: passim.

Umschlagvorderseite: Bei Hatzenport lädt eine komplette Insel zum Campen ein. Umschlagrückseite: Auf fast allen Plätzen entlang der Mosel hat man freien Blick auf den Fluss. (mauritius images / Pitopia / Jens Gerholdt)

Die Deutsche Nationalbibliothek verzeichnet diese Publikation in der Deutschen Nationalbibliografie; detaillierte bibliografische Daten sind im Internet über http://dnb.de abrufbar.

2. aktualisierte Neuauflage

ISBN 978-3-7343-2056-9